far

a Marion e Paola,
Stefano e Francesco

Federico Bonaglia *Vincenzo de Luca*

LA COOPERAZIONE INTERNAZIONALE ALLO SVILUPPO

il Mulino

I lettori che desiderano informarsi sui libri e sull'insieme delle attività della Società editrice il Mulino possono consultare il sito Internet:
www.mulino.it

ISBN 88-15-10978-1

Indice

Premessa p. 7

1. Perché la cooperazione internazionale allo sviluppo? 9

Definizione, origini e motivazioni. - Evoluzione storica: dibattito politico e dottrina economica. - Panoramica sullo sviluppo. - La cooperazione allo sviluppo è efficace?

2. La cooperazione internazionale allo sviluppo oggi 36

Gli attori della cooperazione. - I flussi e le modalità. - Il volume e la composizione dei flussi di aiuti. - La cooperazione italiana. - La cooperazione della Commissione europea.

3. Il nuovo paradigma dello sviluppo 76

La cooperazione nel dopo-guerra fredda: verso un nuovo paradigma. - La Dichiarazione del millennio e la Conferenza di Monterrey. - La Dichiarazione di Doha su commercio e sviluppo. - Il vertice di Johannesburg sullo sviluppo sostenibile. - Un nuovo paradigma?

4. Le nuove sfide 101

Le sfide per il raggiungimento degli MDG. - Finanziare lo

sviluppo. - Migliorare l'efficacia degli aiuti. - Aumentare la coerenza delle politiche. - Ridurre la vulnerabilità dei Pvs. - Sensibilizzare l'opinione pubblica: il ruolo dell'educazione allo sviluppo.

Conclusioni 130

Sigle e glossario minimo 134

Per saperne di più 142

Premessa

Perché farsi un'idea sulla cooperazione internazionale allo sviluppo? I sondaggi condotti da vari istituti demoscopici indicano che la larga maggioranza degli italiani ritiene «importante», o «molto importante», aiutare i poveri nelle regioni meno sviluppate del mondo e si mostra favorevole ad un aumento dell'impegno finanziario pubblico in tal senso. Gli stessi sondaggi suggeriscono, però, che scarsa è la conoscenza delle finalità, degli attori e della dimensione stessa della cooperazione. Questo volumetto si propone di contribuire a colmare un poco questa carenza, trattando non solo di cooperazione, ma anche di sviluppo. Così facendo, si spera di contribuire ad accrescere la sensibilità e la conoscenza dell'opinione pubblica circa i problemi dello sviluppo e l'importanza di una mirata «educazione allo sviluppo», affinché la società civile possa meglio comprendere, giudicare e influenzare l'operato degli attori impegnati nella lotta contro la povertà nel mondo.

Il libro è organizzato attorno a due domande chiave: perché fare cooperazione allo sviluppo e come farla. I primi due capitoli cercano di rispondere alla prima domanda, precisando anche chi fa cooperazione e in che misura. Gli ultimi due capitoli affrontano il tema del «come», discutendo in maniera critica gli aspetti più importanti e recenti presenti nel dibattito all'interno della comunità internazionale.

I dati riportati nel testo corrispondono alle più recenti statistiche disponibili al momento della pubblicazione, come riportato dal Development assistance committee dell'Ocse. Le grandezze sono espresse in dollari statunitensi salvo quando riportato diversamente.

Questo libro non sarebbe stato possibile senza l'incoraggiamento e le discussioni avute con colleghi ed amici. Tra gli altri, vorremmo ringraziare, senza necessariamente implicarli, Richard Manning, Ida McDonnell, Francesco Olivieri, Felice Rizzi, Claudio Spinedi e Lucia Wegner per i loro commenti e suggerimenti, nonché Alessia Graziano e Giovanna Movia al Mulino per avere creduto in questa idea e per il loro costante sostegno. Un particolare ringraziamento va ad Angelo Bonaglia, per il suo stimolo critico e per avere pazientemente letto e migliorato il testo.

Le opinioni espresse in questo libro sono personali e non coinvolgono le istituzioni di appartenenza.

1. *Perché la cooperazione internazionale allo sviluppo?*

Definizione, origini e motivazioni

All'ingresso della sede della Banca mondiale si può leggere una frase che, forse meglio d'ogni altra, chiarisce i motivi della cooperazione allo sviluppo: «il nostro sogno è un mondo senza povertà». Lo sradicamento della povertà è l'obiettivo centrale oggi adottato dalla comunità dei donatori, come ufficialmente sancito dalla Dichiarazione del millennio delle Nazioni Unite. Nel mondo, una persona su quattro vive oggi in condizioni di estrema povertà, con meno di un dollaro al giorno. Povertà non è solo mancanza di reddito, ma anche di nutrizione, salute, istruzione e partecipazione alla vita sociale. Un bambino su tre nei paesi in via di sviluppo (Pvs) non completa l'istruzione primaria; uno su dodici non sopravvive al suo quinto anno di vita. Per ciascuna delle dieci persone che hanno contratto il virus Hiv nel 2004, almeno nove vivono in Pvs. La situazione è particolarmente grave in Africa. Nel continente subsahariano vive poco più del 10% della popolazione mondiale, ma ci sono quasi 25 milioni di persone affette da Hiv, vale a dire oltre il 60% del totale mondiale. Nel 2004, 2,3 milioni di africani sono morti di Aids, contro le 700 mila morti registrate nel resto del mondo.

Nonostante gli enormi progressi nelle condizioni di vita registrati negli ultimi quarant'anni, ancora oggi esistono enormi disparità tra paesi industrializzati e Pvs. Il miliardo di persone che vive nei paesi industrializzati guadagna quattro quinti del reddito mondiale. Questa drammatica situazione di povertà rende la promozione dello sviluppo e lo sradicamento della povertà una priorità imprescindibile per la comunità internazionale, non solo per ragioni etiche, ma anche per garantire la stabilità politica ed economica globale.

La politica di cooperazione allo sviluppo (Pcs) è l'insieme di politiche attuate da un governo, o da un'istituzione multilaterale, che mirano a creare le condizioni necessarie per lo sviluppo economico e sociale duraturo e sostenibile in un altro paese. L'attuazione di tali politiche può essere realizzata da organizzazioni governative, nazionali o internazionali, o da organizzazioni non governative (Ong). I vari attori e strumenti della Pcs saranno discussi in dettaglio nel capitolo 2. Un elemento fondamentale della Pcs è il trasferimento di risorse verso i paesi bisognosi, l'aiuto pubblico allo sviluppo (Aps). In base alla definizione adottata dal Comitato di aiuto allo sviluppo (Development assistance committee, Dac), il foro di discussione che coordina i principali paesi donatori, l'Aps è costituito da risorse finanziarie pubbliche, sotto forma di doni o di prestiti a tasso agevolato, erogate con la finalità di supportare lo sviluppo economico del recettore, e da assistenza tecnica; non sono considerati tali i prestiti o l'assistenza a carattere militare.

Due precisazioni sono necessarie. Da un lato la Pcs non è il solo strumento attraverso cui i paesi industrializzati incidono sulle possibilità di sviluppo degli altri paesi. In tal senso, basti citare le politiche commerciali e migratorie. Dall'altro, l'Aps non è la sola fonte di risorse finanziarie per lo sviluppo. Ad essa si accompagnano i mezzi propri dei paesi partner – in forma di risparmio nazionale o di reddito da esportazioni –, le rimesse degli emigrati e i flussi di investimenti dall'estero.

La necessità di sopperire alla scarsità di risorse finanziarie nei paesi meno sviluppati è stata (e per molti versi è ancora) la principale giustificazione per la creazione della Pcs. Se è vero che già all'inizio del XX secolo alcuni paesi elargivano aiuti finanziari alle rispettive colonie, e che durante gli stessi anni si assiste a un aumento sensibile delle donazioni private a fini umanitari, l'origine della Pcs viene generalmente fatta coincidere con i piani di ricostruzione postbellica e la creazione del sistema delle Nazioni Unite. Gran parte delle istituzioni e degli strumenti che caratterizzano il panorama odierno della cooperazione allo sviluppo sono stati creati negli anni immediatamente successivi alla Seconda guerra mondiale. In particolare la Banca per la ricostruzione e lo sviluppo (parte del gruppo della Banca mondiale, Bm), il Fondo monetario internazionale (Fmi) e l'Organizzazione per la cooperazione economica europea – responsabile della gestione del Piano Marshall per la ricostruzione dell'Europa (*European economic recovery program*). Quest'ultima sarà trasformata nel 1961 nell'Organizzazione per la cooperazione e lo sviluppo economico (Ocse), cui fa capo il Dac, organo di discussione e confronto dei principali paesi donatori. Il Piano Marshall sarà il modello su cui nascerà l'assistenza bilaterale da paese a paese.

La Pcs si prefigge oggi una gamma di obiettivi ben più vasta che la ricostruzione fisica delle economie europee e l'industrializzazione delle ex colonie (si veda il prossimo paragrafo). Ad esempio, il testo base della Commissione europea sulla politica di cooperazione statuisce che il suo obiettivo è di favorire lo sviluppo economico e sradicare la povertà nei Pvs, nonché di aiutare questi stessi paesi ad integrarsi nell'economia globale. In aggiunta a questi obiettivi economici e sociali, la politica comunitaria di sviluppo opera per il rafforzamento della democrazia e lo stato di diritto, promuovendo al contempo il rispetto dei diritti umani e delle libertà fondamentali.

Questa dichiarazione non è molto dissimile da quelle presenti in altre legislazioni nazionali. È altresì evidente come gli obiettivi della Pcs non siano unicamente «umanitari». La cooperazione allo sviluppo è parte integrante della politica estera di un paese, come dimostra il fatto che spesso – è il caso dell'Italia ad esempio – essa fa capo al ministero degli Affari esteri (Mae).

Ci si domanda allora perché i paesi industrializzati hanno creato un sistema che, benché rappresenti in termini di risorse solo una minima parte dei loro redditi nazionali (gli aiuti totali nel 2004 ammontano allo 0,26% del reddito nazionale complessivo dei paesi donatori), costituisce per alcuni paesi beneficiari più del 10% dell'intero reddito nazionale e dà lavoro a migliaia di persone nel mondo. Altruismo? Tutela degli interessi nazionali? Giustificazione economica?

Secondo alcuni, esisterebbe un obbligo morale per i paesi ricchi di aiutare i paesi poveri. Tale obbligazione nascerebbe da considerazioni di «solidarietà umana» (*shared humanity*), o dalla necessità di conseguire un più equo ordine mondiale, una giustizia globale (ad esempio riparando ai torti fatti durante l'epoca coloniale). Secondo il politologo David Lumsdaine, la creazione dei programmi di cooperazione allo sviluppo sarebbe la naturale proiezione verso l'esterno del meccanismo di ridistribuzione del reddito (lo Stato sociale) esistente all'interno dei paesi sviluppati. D'altra parte c'è chi ha sostenuto che non solo non esiste alcun obbligo morale per l'Aps (da considerarsi alla stregua della beneficenza), ma elargirlo sarebbe moralmente sbagliato in quanto ciò favorirebbe una cultura di dipendenza nel recettore.

Secondo altri, la giustificazione dell'Aps starebbe nella volontà del paese donatore di promuovere i propri interessi nazionali, siano questi ideologici (ad esempio favorire o contrastare il diffondersi del comunismo durante gli anni della guerra fredda), di politica estera (sostenere le ex colonie o mantenere la stabilità in aree geografiche vicine), o commerciali (promuovere le esportazioni attraverso il c.d. «aiuto legato»).

Gli economisti tendono a concordare che, a prescindere da considerazioni umanitarie, è economicamente sensato trasferire risorse ai paesi meno sviluppati e promuoverne lo sviluppo. Il disaccordo sorge in merito all'efficacia relativa di questo strumento nel perseguire gli obiettivi prefissati o, detto diversamente, al suo costo-opportunità. Semplificando, la teoria economica prevede che, in virtù della scarsità di capitale nei Pvs, ogni euro investito in questi paesi avrebbe una produttività e un tasso di rendimento più elevati rispetto allo stesso euro investito nei paesi più avanzati, dove il capitale abbonda. Prendendo a prestito un esempio dall'agricoltura, il contributo *addizionale* o marginale alla produzione agricola di un litro di fertilizzante sarà tanto più elevato (diminuirà) quanto minore (maggiore) è la quantità di fertilizzante che è già stata irrorata nello stesso terreno. Inoltre, lo sviluppo di questi paesi contribuirebbe a far crescere la domanda mondiale, con effetti benefici anche per le economie dei paesi donatori. Infine, in virtù della crescente interdipendenza mondiale, sarebbe nell'interesse dei donatori aiutare i paesi meno sviluppati a prevenire, o risolvere, conflitti armati e crisi, siano esse finanziarie, sanitarie o ambientali, che potrebbero diffondersi e avere ripercussioni su scala globale. I critici contestano che l'Aps sia in grado di attuare un cambiamento positivo nei paesi recettori e che, oltre a essere inefficace, abbia effetti secondari deleteri. Di questo ci occuperemo nella parte finale di questo capitolo.

I decisori politici si servono di queste (e altre) argomentazioni per giustificare le loro scelte in materia di erogazione di aiuti. Talvolta capita di sentire che una delle giustificazioni dell'Aps è il sostegno alla cooperazione allo sviluppo da parte dell'opinione pubblica, dei contribuenti. Se così fosse, cambiamenti nell'opinione pubblica influenzerebbero l'andamento dell'Aps. È davvero così? A livello europeo, i sondaggi Eurobarometro degli ultimi dieci anni hanno mostrato che i cittadini sono effettivamente favorevoli all'erogazione di aiuti a paesi in stato di necessità. In Italia, il settanta per cento degli intervistati in un recente sondaggio Volontari nel mondo-Focsiv si dichiarava favorevole a un aumento degli aiuti. L'opinione pubblica potrebbe quindi avere un impatto significativo sull'azione dei governi in materia di cooperazione allo sviluppo. Un esempio in tal senso è la grande mobilitazione popolare per soccorrere i paesi asiatici colpiti dallo *tsunami* nel dicembre 2004. Tale mobilitazione ha spinto i governi ad una competizione nell'erogazione di aiuti e cancellazione del debito. Numerosi studi suggeriscono, però, che l'opinione pubblica esercita un'influenza minima sulla politica di cooperazione, e che questa si limita a eventi fortemente mediatizzati (quali le carestie e inondazioni, o la campagna per la cancellazione del debito). Probabilmente questa mancanza di peso è dovuta alla scarsa consapevolezza e comprensione delle questioni concernenti lo sviluppo da parte del grande pubblico. La Pcs viene generalmente confusa con l'assistenza umanitaria, che è una parte importante, ma pur sempre solo una parte degli aiuti. Mentre l'assistenza umanitaria si prefigge di rispondere a situazioni di emergenza e di alleviare le sofferenze di popolazioni colpite da catastrofi naturali o da guerre, *lo scopo della Pcs è di favorire lo sviluppo duraturo di un paese e la fuoriuscita della popolazione dalle condizioni di povertà*. La scarsa conoscenza degli obiettivi si accompagna a una generale inconsapevolezza circa la dimensione dell'Aps. Quando interrogati in proposito, i cittadini tendono generalmente a sovrastimare gli aiuti erogati dal proprio governo.

Evoluzione storica: dibattito politico e dottrina economica

Gli obiettivi della Pcs sono chiaramente influenzati dalla situazione politica internazionale e dal pensiero economico dominante in un certo periodo. Talvolta si parla addirittura di *paradigmi*, prendendo a prestito un concetto dell'epistemologia di Thomas Kuhn. Questo concetto indica l'adozione, da parte di un'intera comunità scientifica/professionale, di un modello interpretativo e normativo che, per un certo periodo (fino alla prossima «rivoluzione scientifica»), è riconosciuto e utilizzato dai suoi membri. L'economista Eric Thorbecke utilizza il concetto di «strategie di sviluppo», intese come un insieme coerente di politiche formate sulla base degli obiettivi fissati dai decisori politici, dello stato dell'arte della teoria dello sviluppo economico e dei dati statistici disponibili per elaborare e verificare empiricamente la teoria. Questi elementi interconnessi e storicamente determinati definirebbero la funzione che è propria dell'Aps.

Abbiamo detto di come il sistema dell'APS nasca alla fine degli anni Quaranta, con la necessità della ricostruzione post-bellica dell'Europa ed il problema di sostenere i nuovi Stati indipendenti nati con la decolonizzazione, quali le Filippine e l'India. Generalmente si distinguono quattro fasi nella storia della cooperazione allo sviluppo, coincidenti più o meno con i decenni che portano al nuovo secolo. Qui di seguito ne riassumiamo i punti salienti. Nel terzo e quarto capitolo si discuteranno in dettaglio l'evoluzione recente e le direzioni future.

Gli anni 1950-60: industrializzazione e istituzionalizzazione del sistema di cooperazione internazionale allo sviluppo. In questa prima fase, l'obiettivo di sviluppo coincide con la mera crescita del reddito. Il modello economico prevalente, elaborato dagli economisti americani Roy Harrod e Evsey Domar, prevede che la crescita del reddito sia proporzionale all'investimento (e quindi al risparmio). Con una concezione quasi meccanicistica, ci si attende che l'aumento dell'investimento alimenti la crescita del reddito dei paesi arretrati e che questa abbia ricadute positive sulla popolazione. La strategia, per raggiungere questo obiettivo, è di promuovere l'industrializzazione: tutte le risorse disponibili devono essere utilizzate a tal fine. La teoria economica assegna all'industria un ruolo chiave nel processo di sviluppo e modernizzazione. Questo processo procederebbe in modo lineare, secondo fasi o «stadi dello sviluppo» come li definiva l'economista Walter Rostow. Perché questo processo possa «decollare» e autosostenersi, è necessaria una massa critica di risorse (soprattutto di infrastrutture) e di una quota costante di investimenti che mancano nei PVS. Il trasferimento di risorse da parte dei donatori darebbe ai PVS quella spinta (*big push*) che permetterebbe loro, nell'arco di 10-15 anni, di recuperare il ritardo di sviluppo e di non avere più bisogno di aiuti. Lo Stato ha quindi un ruolo centrale nel dirigere il processo di industrializzazione. Attraverso l'elaborazione di piani pluriennali, supplisce alle presunte inefficienze dei mercati e alloca le risorse – incluso l'Aps – alle industrie nascenti, che devono essere adeguatamente protette dalla competizione delle importazioni.

Il progresso della teoria economica porta con sé una parziale riorientazione della strategia di sviluppo negli anni Sessanta. Da un modello in cui lo sviluppo è trainato da un solo settore (l'industria) e il principale vincolo è la carenza di risparmio, si passa a un modello in cui si riconosce l'importanza dei legami intersettoriali e dell'accesso ai mercati internazionali. L'economista Hollis Chenery dimostra come, anche laddove la carenza di risorse umane e finanziarie (il c.d. «vincolo interno») venisse alleviata, la crescita potrebbe ancora essere ostacolata dal mancato accesso a mercati, beni e tecnologie non disponibili internamente (il c.d. «vincolo esterno»). Il settore agricolo, negletto nel decennio precedente, viene rivalutato. L'aumento della produttività e della produzione agricola è necessario per creare un *surplus* che finanzi il settore moderno (urbano/industriale) e sostenga lo sviluppo.

Il fenomeno della decolonizzazione favorisce la nascita e il rafforzamento dei programmi di aiuto bilaterali. Le potenze coloniali sostituiscono i programmi di assistenza economica verso le ex colonie ai precedenti rapporti di sfruttamento (in particolare in Africa). Gli altri paesi industrializzati (in particolare la Germania e i paesi nordici) creano programmi di aiuto che, anche riflettendo l'ideologia politica ivi dominante (socialdemocratica e cristiano-democratica), sono improntati a elementi solidaristici, umanitari e di responsabilità morale. Nel 1961 nasce il Dac per coordinare e monitorare i donatori bilaterali.

Programmi di cooperazione sono avviati anche da istituzioni internazionali (donatori multilaterali). Il sistema delle Nazioni Unite dà voce ai nuovi Stati indipendenti che, uniti nel Movimento dei paesi non-allineati (nato con la Conferenza di Bandung nel 1955), reclamano indipendenza politica e aiuti per conseguire lo sviluppo. L'Onu dichiara gli anni Sessanta la «Decade dello sviluppo» e fa appello ai paesi industrializzati affinché aumentino considerevolmente le risorse destinate all'Aps. L'obiettivo – si legge nella dichiarazione – è di raggiungere al più presto possibile un livello di aiuti globale pari a circa l'1% del reddito combinato dei paesi avanzati. Nel 1960 nasce anche l'Associazione internazionale per lo sviluppo (International development association, IDA), affiliata alla Banca mondiale. La sua finalità è di finanziare, attraverso prestiti a lungo termine ed erogati a condizioni particolarmente vantaggiose, lo sviluppo dei paesi meno sviluppati tra i Pvs. Contestualmente vengono create le Banche regionali di sviluppo in Africa, America Latina e Asia.

Se la motivazione economica degli aiuti è chiara – favorire l'accumulazione capitalistica nei Pvs e l'industrializzazione attraverso la protezione e il sovvenzionamento dei settori nascenti (la c.d. «industrializzazione per sostituzione delle importazioni», ISI) – l'obiettivo politico-ideologico è altrettanto evidente. In questa fase gli Stati Uniti d'America rappresentano da soli circa i due terzi del totale degli aiuti che, in gran parte sotto forma di aiuti alimentari e militari, sono esplicitamente considerati come uno strumento per contenere il diffondersi del comunismo. L'uso strategico degli aiuti sarà una caratteristica ricorrente durante i quarant'anni della guerra fredda. Ingenti flussi di APS verranno ininterrottamente erogati, principalmente dalle due superpotenze (USA e URSS), ai paesi «amici», a prescindere dall'effettivo stato di bisogno e, soprattutto, dall'uso cui i loro governanti, non sempre esempi di probità e buon governo, destinavano tali fondi.

Gli anni Settanta: riflessioni sull'efficacia degli aiuti, bisogni essenziali e crisi economica. La fine degli anni Sessanta vede il progressivo affermarsi di un nuovo paradigma, che pone la riduzione della povertà e il miglioramento delle condizioni di vita nei Pvs quale obiettivo centrale della PCS: il cosiddetto approccio dei bisogni essenziali (*basic human needs*). La dimensione umana era stata generalmente trascurata negli anni precedenti, perché si riteneva che sarebbe stata automaticamente migliorata attraverso la crescita del reddito nazionale, il cosiddetto effetto di percolazione o trascinamento (*trickle down effect*).

Arrivato alla «maggiore età», il sistema internazionale della cooperazione allo sviluppo si interroga sui risultati conseguiti. L'esperienza di paesi quali il Brasile, dove la crescita del reddito non si è tradotta – a causa di una crescente ineguaglianza – in riduzione della povertà e dove la disoccupazione raggiunge livelli insopportabili, induce a una riflessione profonda sulle strategie di sviluppo e sull'efficacia degli aiuti. La riflessione è alimentata dal rapporto Pearson (*Partners in development*, 1969) commissionato dalla Banca mondiale e da una serie di studi-paese preparati dall'Organizzazione internazionale del lavoro (Ilo) su lavoro, reddito ed eguaglianza. Il primo, cui si deve la formulazione dell'obiettivo (poi adottato dalle Nazioni Unite) di un aumento degli aiuti a coprire almeno lo 0,7% del Pil del paese donatore, contiene un'analisi impietosa della Pcs e ne propone una trasformazione improntata a principi ancora oggi largamente condivisibili. D'altra parte, gli studi dell'Ilo mettono in risalto la necessità di porre l'obiettivo dell'aumento dell'occupazione nei Pvs al centro delle strategie di sviluppo.

Sotto l'impulso della Banca mondiale, guidata da Robert McNamara e dall'economista Hollis Chenery, e col sostegno dell'Onu, il nuovo paradigma prende forma, sotto l'etichetta di bisogni essenziali e ridistribuzione con crescita. Si riconosce che la crescita del reddito non è sufficiente a ridurre la povertà. Gli aiuti devono allora focalizzarsi su azioni e risultati concreti (*outcomes*), di cui beneficiano direttamente i poveri, quali vaccinazioni, accesso all'acqua, costruzione di scuole, case e infrastrutture rurali, fornitura di assistenza tecnica e così via. Si riconosce che l'impatto degli aiuti dipende anche dall'efficienza con cui il paese recettore utilizza le sue stesse risorse oltre alla sua politica economica e sociale. Si incoraggiano i donatori ad aumentare gli aiuti e a migliorarne la qualità, riducendo il ricorso agli aiuti legati e agli aiuti alimentari, i cui effetti deleteri sullo sviluppo dell'agricoltura dei paesi recettori vengono generalmente riconosciuti. I paesi membri del Dac si impegnano ad indirizzare in misura maggiore i propri aiuti verso le istituzioni multilaterali, meno inclini a perseguire fini diversi da quelli di sviluppo. Nuovi attori rappresentanti della società civile, quali le ONG, emergono o si affermano sulla scena della cooperazione internazionale. Tradizionalmente impegnate in un ruolo di *advocacy* degli interessi dei PVS e in azioni di soccorso in caso di emergenze umanitarie, queste organizzazioni cominciano a finanziare e ad assumere responsabilità dirette nell'attuazione di programmi di aiuto allo sviluppo, in particolare nei Progetti integrati di sviluppo rurale.

Il decennio 1970-80 – la seconda «Decade per lo sviluppo» delle Nazioni Unite – è però caratterizzato da un sostanziale deterioramento delle condizioni economiche di molti PVS. La crisi petrolifera del 1973, sebbene favorisca le nazioni produttrici, è un fardello per i paesi importatori. Al contempo, i prezzi delle materie prime e di molti beni esportati dai PVS (quali tè, cotone e gomma) continuano a calare, contribuendo allo squilibrio della bilancia dei pagamenti. Molti PVS si trovano a dover ricorrere in misura sempre più massiccia all'indebitamento, ponendo le basi per la crisi del debito dei primi anni Ottanta. La siccità e le conseguenti carestie colpiscono a più riprese la regione subsahariana, dal Sahel all'Etiopia. La disperazione di queste popolazioni suscita una forte reazione dell'opinione pubblica internazionale per un intervento umanitario e, al contempo, una riflessione profonda all'interno della comunità dei donatori: com'è possibile che una regione cui i paesi donatori hanno destinato aiuti considerevoli nei decenni precedenti, e che si riteneva avviata sulla strada dello sviluppo, non riesca a risollevarsi dalla crisi? Sono allora gli aiuti inefficaci?

Gli anni Ottanta: crisi del debito e aggiustamento strutturale. Con gli anni Ottanta ha inizio una nuova fase della PCS. Il concomitante scoppio della crisi del debito in molti PVS, il persistente divario di sviluppo tra Nord e Sud del mondo, la crescente disillusione circa l'efficacia degli aiuti, l'arrivo al governo dei principali paesi occidentali di amministrazioni conservatrici e l'avvicendamento al vertice della Banca mondiale e del FMI

– le c.d. «istituzioni finanziarie internazionali», IFI – di una nuova generazione di economisti liberisti aprono la strada all'era dell'aggiustamento strutturale.

La nuova «ortodossia» critica profondamente i fondamenti della strategia di sviluppo perseguita nei due decenni precedenti e riafferma la centralità del mercato per il buon funzionamento dell'economia e dello sviluppo. Laddove in precedenza si invocava l'intervento pubblico e la pianificazione settoriale per far fronte ai fallimenti del mercato (ad esempio attraverso il controllo dell'allocazione del credito, la fissazione dei prezzi e dei tassi di interesse, i sussidi e la protezione dell'industria nascente, la nazionalizzazione dei principali settori economici), economisti quali Anne Krueger e Jadgish Baghwati rispondono mostrando come i fallimenti dello Stato possano essere assai più gravi delle carenze cui vorrebbero sopperire. Le contraddizioni di questa strategia e i suoi effetti perversi (ad esempio la creazione di rendite e l'incitamento della corruzione) vengono messi a nudo da due studi pubblicati nel 1981 sull'esperienza post-coloniale africana: il rapporto Berg (sulle politiche di industrializzazione) e il rapporto Bates (sulle politiche agrarie), dal nome dei due curatori. Quest'ultimo offre un esempio illuminante degli effetti perversi del sistema di vendita dei prodotti agricoli, istituito in molti paesi per stabilizzare i redditi dei contadini contro le fluttuazioni dei prezzi mondiali. In realtà, la gran parte di questi organismi (*marketing boards*) fissava prezzi di acquisto dei beni al di sotto dei prezzi a cui questi venivano poi venduti sul mercato internazionale, sottraendo quindi reddito alla popolazione rurale per sussidiare le *élites* urbane.

Lo scoppio della crisi del debito, con l'annuncio il 20 agosto 1982 dell'impossibilità da parte del governo messicano di fare fronte al pagamento degli interessi sul debito contratto, genera il panico. Le istituzioni finanziarie internazionali temono che la crisi possa avere effetti a catena e portare al collasso del sistema finanziario internazionale. In risposta, i paesi creditori propongono a quelli debitori un piano per la ristrutturazione del debito, accompagnato da maggiori aiuti, dietro l'adesione del paese debitore a un programma di aggiustamento strutturale (*Structural adjustment program*, SAP). Questo programma si prefigge di favorire la stabilizzazione macroeconomica (riducendo la spesa pubblica a livelli coerenti col reddito disponibile) e una serie di riforme strutturali (riduzione dell'intervento pubblico e rafforzamento del funzionamento dei mercati). Il menu di riforme, che il paese deve accettare per accedere ai fondi di aggiustamento strutturale forniti dal FMI, dalla Banca mondiale e dai donatori bilaterali, è riassunto in quello che l'economista John Williamson ha definito il «Consenso di Washington» – a indicare il ruolo fondamentale della Banca mondiale e del FMI, che ivi hanno sede, nella sua elaborazione: rigore macroeconomico, apertura al commercio e all'investimento estero, svalutazione del tasso di cambio e privatizzazioni. Torneremo più in dettaglio su queste politiche nel capitolo terzo.

Il riorientamento della dottrina della PCS implica anche un cambiamento nelle modalità di erogazione degli aiuti. Da un lato, il finanziamento «a progetto» (ad esempio costruzione di opere pubbliche) passa in secondo piano e lascia il posto ad articolati aiuti «di programma» (quali i programmi di riforma dell'economia), accompagnati da assistenza tecnica. Dall'altro, molti donatori iniziano a erogare in misura crescente assistenza direttamente al settore privato, o attraverso ONG.

I programmi di aggiustamento strutturale sono dolorosi, ma promettono ai paesi che li attuano un futuro più roseo. La necessità di rimuovere le numerose distorsioni che ingolfano le economie dei PVS (e più tardi dei paesi socialisti in transizione) è condivisa dai più. Il disaccordo, che pur esiste circa la desiderabilità e coerenza di specifiche politiche proposte, è più sul metodo che sul merito. La strategia delle istituzioni finanziarie internazionali è di condizionare il disborso degli aiuti alla rapida attuazione di un ampio programma di riforme, che comporta costi di aggiustamento notevoli. L'aspettativa iniziale è che l'attuazione del Programma di aggiustamento strutturale dia i suoi frutti dopo qualche anno. I benefici effetti di questi programmi, però, stentano a manifestarsi. Nonostante l'avvio dell'aggiustamento strutturale, i paesi dell'America Latina restano intrappolati in condizioni di arretratezza e povertà, tanto che si parla degli anni Ottanta come di una «decade perduta».

Secondo Paul Mosley, un economista che ha lungamente studiato il fenomeno, la terapia dell'aggiustamento strutturale ha funzionato solo in un numero ristretto di paesi, mediamente più sviluppati (ad esempio Sud Corea, Thailandia, Cile, Isole Mauritius). Il fallimento negli altri paesi sarebbe dovuto al concorrere di vari fattori. La mancata attuazione – a dispetto degli impegni presi – delle riforme concordate (ad esempio in Kenya); il perdurare di vincoli strutturali e la conseguente assenza di reazione alle riforme da parte del sistema produttivo; gli effetti negativi in termini di precarizzazione e aumento della povertà.

Alla fine degli anni Ottanta, l'aggiustamento strutturale, oggetto fino ad allora alquanto oscuro, riservato a discussioni tra addetti ai lavori, diventa il bersaglio di una campagna di protesta globale contro il modello neoliberista adottato dalla comunità dei donatori. Voci dissonanti, benché con toni meno estremi e argomentazioni più convincenti, si levano anche all'interno dell'establishment dei donatori. Nel 1987 un rapporto dell'UNICEF, redatto sotto la direzione di Giovanni Cornia, chiede alla comunità internazionale di intraprendere azioni concrete per dare all'aggiustamento «un volto umano». Riconoscendo la necessità di conseguire stabilità economica e riformare l'economia, il rapporto punta l'indice sulle conseguenze sociali dell'aggiustamento e sulla necessità di prendere misure correttive. La stessa Banca mondiale fa parzialmente marcia indietro e, con il *World development report* del 1990, riporta la riduzione della povertà al centro del dibattito e della politica di cooperazione allo sviluppo.

Verso la fine degli anni Ottanta, con la pubblicazione del rapporto *Our common future* o rapporto Brundtland (1987), il tema della sostenibilità ambientale e sociale dei processi di sviluppo entra a pieno titolo nel dibattito sulla cooperazione. L'innovazione di questo rapporto, rispetto alle riflessioni precedenti, che spesso teorizzavano la necessità di rallentare la crescita («decrescita»), è di individuare un nesso specifico tra ambiente e sviluppo. La sostenibilità ecologica non può essere garantita senza una sostanziale riduzione della povertà, poiché la povertà e l'iniqua distribuzione delle risorse sono tra le principali cause di degrado ambientale. Da qui la necessità di integrare gli approcci di tutela ambientale e lotta alla povertà, per promuovere uno sviluppo sostenibile. Lo sviluppo è sostenibile quando permette di soddisfare le necessità delle generazioni attuali senza compromettere però la possibilità delle generazioni future di soddisfare le proprie. Come dice un proverbio keniano, «noi non ereditiamo la terra dai nostri padri, la prendiamo a prestito dai nostri figli».

Beneficiando di questa ricca elaborazione concettuale, e sotto una pressione crescente della società civile, la comunità dei donatori pone la promozione dello sviluppo sostenibile al centro delle strategie di sviluppo nel summit di Rio de Janeiro del 1992. In questa sede viene adottata l'Agenda 21, un documento programmatico che delinea una partnership globale per lo sviluppo sostenibile e fissa obiettivi ambiziosi in termini di tutela dell'ambiente ed eliminazione della povertà.

Gli anni Novanta: riduzione della povertà e ruolo delle istituzioni. Verso un nuovo paradigma? Gli anni Novanta sono densi di avvenimenti politici ed economici, che hanno grandemente influenzato la Pcs e l'elaborazione del «nuovo paradigma» di cui parleremo ampiamente nel capitolo terzo. Il decennio si apre con la caduta del Muro di Berlino e il collasso dell'Unione Sovietica, ma si chiude con una crisi finanziaria internazionale di enormi proporzioni. La comunità internazionale deve confrontarsi con la difficile transizione al mercato delle economie pianificate, oltre che col perdurante e crescente ritardo di sviluppo dell'America Latina e, soprattutto, dell'Africa. Il susseguirsi delle crisi in Asia (1997), in una regione fino ad allora additata come esempio da emulare, Russia (1998), banco di prova della dottrina neoliberale e della strategia di riforma della «doccia fredda» (*shock therapy*), e Brasile (1999) porta drammaticamente all'attenzione del grande pubblico i persistenti problemi dello sviluppo e rende un ripensamento dell'architettura finanziaria internazionale indispensabile.

L'esperienza dell'aggiustamento strutturale, la trasformazione delle economie socialiste e le crisi finanziarie hanno dolorosamente messo in evidenza un fattore imprescindibile nell'elaborazione delle strategie di sviluppo: la qualità delle istituzioni e della *governance*. Sia gli studi sulla crescita economica che quelli sull'efficacia degli aiuti mostrano come le differenze nella qualità delle istituzioni spieghino in buona misura la capacità di un'economia di crescere più rapidamente, di adattarsi meglio al cambiamento e di beneficiare in misura maggiore degli aiuti. Il mercato è inserito in una rete imprescindibile di istituzioni politiche e sociali, che ne regolano, stabilizzano e legittimano il funzionamento. Senza queste istituzioni, esso opera in un vuoto e non può produrre i risultati che gli economisti si attendono.

Un corollario a questa «riscoperta delle istituzioni» – cui contribuiscono economisti quali il premio Nobel Douglas North e Dani Rodrik – è la consapevolezza che anche riforme tecnicamente ineccepibili e in grado di beneficiare la maggioranza dei cittadini non vengono spesso realizzate. L'intuizione originale del sociologo Mancur Olson è stata confermata proprio nel caso dell'aggiustamento strutturale. L'«economia politica delle riforme» dimostra precisamente come una minoranza interessata al mantenimento dello *status quo* riesca a mobilitarsi per difendere il proprio interesse particolare e bloccare la riforma. La realizzazione e la sostenibilità delle riforme richiedono allora di essere discusse preventivamente con coloro che le devono sopportare: occorre individuarne i costi e, nel caso, compensare i gruppi che li subiscono.

Riconoscendo queste necessità, la parola chiave della Pcs negli anni Novanta diventa *ownership*, a indicare l'appropriazione del processo decisionale da parte degli attori locali, da realizzarsi attraverso il coinvolgimento in questo processo di tutti coloro che hanno un interesse nel processo di sviluppo, i c.d. *stakeholders*.

Questi elementi arricchiscono la riflessione iniziata alla fine degli anni Ottanta sullo sviluppo umano e confluiscono nel documento strategico sul ruolo della cooperazione allo sviluppo nel XXI secolo, adottato dal DAC nel 1996, di cui parleremo ampiamente nel capitolo terzo. Questo documento individua la riduzione della povertà e il perseguimento di uno sviluppo sostenibile quali obiettivi fondamentali della PCS. Di conseguenza, i programmi di aggiustamento strutturale – il cui obiettivo resta quello di rafforzare la crescita del reddito – vengono affiancati da documenti strategici per la riduzione della povertà (*Poverty reduction strategy papers*, PRSP). Questi ultimi, preparati congiuntamente dalle autorità locali, dai rappresentanti della società civile del paese interessato e dai donatori, precisano in che modo il maggiore reddito (derivante dagli aiuti e dall'effetto delle riforme sulla crescita) debba essere utilizzato per ridurre la povertà.

Questa evoluzione, combinata con la disillusione di molti donatori verso la capacità e volontà dei governi dei PVS a far beneficiare i più poveri dei frutti dello sviluppo, ha implicazioni pratiche anche sulla realizzazione dei progetti di cooperazione. Molte agenzie di cooperazione e istituzioni internazionali abbracciano entusiasticamente il cosiddetto «approccio partecipativo» allo sviluppo (*community-driven approach*) e affidano in misura crescente la realizzazione dei propri programmi di cooperazione direttamente a ONG, sia del «Nord» che del «Sud». Le ONG divengono così attori fondamentali nel panorama della cooperazione allo sviluppo.

Panoramica sullo sviluppo

Quali sono i progressi in termini di sviluppo umano nei PVS nel corso degli ultimi decenni? La mancanza di dati comparabili internazionalmente ci impedisce di spingerci troppo indietro nel tempo. Grazie all'assistenza tecnica fornita dalle Nazioni Unite e dalle istituzioni finanziarie internazionali per la raccolta e armonizzazione dei dati statistici nei Pvs, disponiamo oggi di una ricca documentazione, che ci permette di confrontare i livelli di sviluppo e povertà odierni con quelli prevalenti negli anni Settanta.

La tabella 1 mostra alcuni indicatori di sviluppo umano per macroregioni e alcuni paesi. Si nota come la situazione sia globalmente migliorata in termini di mortalità, speranza di vita, alfabetizzazione. Nonostante questi miglioramenti, il divario tra Pvs e paesi più avanzati resta considerevole e, in molti casi, si è ampliato. Stime della Banca mondiale suggeriscono che la distanza tra i redditi dei venti paesi più ricchi e i venti più poveri è raddoppiata negli ultimi quarant'anni.

Queste tendenze globali mascherano però grosse disparità regionali e nazionali. Il continente subsahariano resta il fanalino di coda per la gran parte degli indicatori, mentre l'Asia orientale ha fatto enormi progressi. Si può anche notare la divergenza nei redditi *pro capite* all'interno dell'Africa e i diversi percorsi di sviluppo di paesi quali il Botswana e la Repubblica democratica del Congo. Il Botswana è considerato uno dei casi di successo in Africa. Il paese ha saputo adottare politiche virtuose e capitalizzare sulla propria ricchezza di diamanti per investire in educazione e sanità. Con un reddito *pro capite* pari alla metà di quello di altri paesi africani nel 1970, questo paese ha raggiunto negli anni Novanta livelli di sviluppo tra i più elevati nel continente, comparabili a quelli dei paesi asiatici più avanzati. L'esperienza degli anni recenti testimonia però la fragilità dei processi di sviluppo in Africa e gli effetti devastanti dell'epidemia di Hiv/Aids. Nonostante il suo maggiore livello di sviluppo e di servizi sociali, il paese, dove quasi il 40% della popolazione adulta è colpita da Hiv, ha visto ridursi di 19 anni la speranza di vita della propria popolazione in poco più di un decennio.

La tabella 2 presenta delle stime sull'andamento della povertà nel corso degli ultimi vent'anni per le principali macroregioni, come calcolato dalla Banca mondiale sulla base di inchieste nazionali. La tabella riporta sia il numero di persone che vivono in condizioni di povertà estrema, sia l'incidenza della povertà (*headcount poverty index*), vale a dire il rapporto fra il numero dei poveri e la popolazione complessiva. La soglia di povertà internazionale è convenzionalmente fissata a 1,08 dollari al giorno, espressi in parità di potere di acquisto (PPP). Povero è colui che ha un consumo giornaliero inferiore a questo livello, comunemente indicato come «un dollaro al giorno». L'uso del dollaro PPP consente un confronto standardizzato fra paesi, giacché un dollaro PPP in qualsivoglia paese ha lo stesso potere di acquisto di un dollaro negli Stati Uniti.

In questa tabella è evidente come il numero globale di poveri sia fortemente diminuito nel corso degli ultimi vent'anni, passando da 1,4 miliardi a circa un miliardo e cento milioni nel 2001. In termini percentuali, la frazione della popolazione mondiale in condizioni di povertà estrema si è quasi dimezzata nel corso di questo periodo.

La maggioranza dei poveri è concentrata in Asia. Al contempo, l'Asia è il continente dove si è registrata la più forte riduzione della povertà. Questo straordinario risultato – 524 milioni di persone sono fuoriuscite dallo stato di indigenza estrema tra il 1981 e il 2001 – si deve però quasi esclusivamente alla crescita della Cina. La riduzione della povertà negli altri paesi asiatici è stata assai più modesta.

Al di fuori dell'Asia, la povertà è invece cresciuta. Il numero di poveri è aumentato in Africa subsahariana, America Latina e Caraibi e in Europa orientale e Asia centrale. La situazione resta particolarmente grave nel continente subsahariano, dove vive circa un terzo della popolazione povera odierna. In questa regione, il numero di poveri è quasi raddoppiato in vent'anni. Non solo, l'incidenza della povertà è cresciuta, colpendo oggi il 47% della popolazione, cinque punti percentuali in più che nel 1981. Solo in Europa orientale e Asia centrale si è avuto un peggioramento dell'incidenza più forte.

Se il miglioramento delle condizioni di vita in molti PVS è

TAB. 1. *Indicatori di sviluppo umano per aree geografiche*

	Reddito *pro capite* (dollari USA) (1)			Speranza di vita alla nascita (anni)			Tasso di alfabetizzazione (%) (2)			Tasso di mortalità infantile (per mille nati) (3)			Tasso di fertilità (numero di nati per donna)		
	1970	1990	2002	1970	1990	2002	1970	1990	2002[a]	1970	1990	2002	1970	1990	2002
Africa subsahariana[b]	209	825	780	44	50	46	31	50	65	239	187	174	6,6	6,1	5,1
Etiopia	–	170	100	40	45	42	13	29	42	239	204	171	5,8	6,9	5,6
Botswana	160	2.750	3.010	52	57	38	46	68	79	142	58	110	6,7	5,1	3,8
Rep. dem. del Congo	230	220	100	45	52	45	–	–	–	245	205	205	6,2	6,7	6,7
Ghana	250	380	270	37	44	46	29	58	74	186	125	97	6,7	5,5	4,1
Medio Oriente e Nord Africa[b]	300	1.770	2.240	52	64	69	25	56	68	201	77	54	6,8	4,8	3,1
Tunisia	270	1.430	1.990	54	70	73	27	59	73	201	52	26	6,4	3,5	2,1
America Latina e Caraibi[b]	580	2.250	3.280	60	68	71	73	84	89	123	53	34	5,3	3,2	2,5
Argentina	1.320	3.220	4.220	67	72	74	93	96	97	71	28	19	3,1	2,9	2,4
Brasile	440	2.800	2.830	59	66	69	68	82	86	135	60	37	5,0	2,7	2,1
Haiti	90	410	440	48	53	52	22	40	52	221	150	123	6,0	5,4	4,2
Asia orientale e Pacifico[b]	120	430	960	59	67	69	54	79	90	124	59	42	5,7	2,4	2,1
Cina	120	320	960	62	69	71	53	78	91	120	49	38	5,8	2,1	1,9
Corea	270	5.740	9.930	60	70	74	–	–	–	54	9	5	4,3	1,8	1,5

Singapore	950	11.840	20.690	68	74	–	73	89	93	27	8	4	1,7	1,4	1,4
Thailandia	210	1.520	2.000	58	69	69	80	92	93	102	40	28	3,5	1,8	1,8
Asia meridionale[b]	120	380	460	49	58	63	33	48	56	205	130	95	6,0	4,1	3,2
India	110	390	470	49	59	63	33	49	57	202	123	90	5,0	3,1	2,9
Paesi meno avanzati (Pma)[b]	–	320	290	43	50	51	25	38	54	243	183	159	6,6	5,8	4,8
Paesi OCSE ad alto reddito[b]	3.050	20.340	27.170	71	76	78	–	–	–	28	9	7	2,5	1,8	1,7
Italia	2.000	17.420	19.080	72	77	78	94	98	99	33	10	6	1,6	1,2	1,3

[a] Il dato si riferisce al 2002 o all'ultimo anno disponibile.

[b] Valore medio calcolato per l'insieme dei paesi per i quali i dati sono disponibili.

Note: (1) reddito nazionale *pro capite* in dollari USA a prezzi correnti; (2) tasso % di alfabetizzazione della popolazione in età maggiore o uguale a 15 anni; (3) numero di bambini che non sopravvivono il loro quinto anno ogni 1.000 nati.

Fonte: Banca mondiale, *World development indicators*, CD-ROM (2005).

TAB. 2. *Incidenza della povertà nelle diverse regioni del mondo*

	Percentuale di persone che vivono con meno di 1 dollaro Usa Ppp[a] al giorno					Milioni di persone che vivono con meno di 1 dollaro Usa Ppp[a] al giorno				
	1981	1987	1990	1996	2001	1981	1987	1990	1996	2001
Asia orientale	57,7	28,0	29,6	16,6	14,9	795,6	425,6	472,2	286,7	271,3
di cui Cina	63,8	28,5	33,0	17,4	16,6	633,7	308,4	374,8	211,6	211,6
Europa orientale e Asia centrale	0,7	0,4	0,5	4,2	3,7	3,1	1,7	2,3	19,8	17,6
America Latina e Caraibi	9,7	10,9	11,3	10,7	9,5	35,6	45,1	49,3	52,2	49,8
Medio Oriente e Nord Africa	5,1	3,2	2,3	2,0	2,4	9,1	6,9	5,5	5,5	7,1
Asia meridionale	51,5	45,0	41,3	36,6	31,3	474,8	473,3	462,3	461,3	431,1
di cui India	54,4	46,3	42,1	42,2	34,7	382,4	369,8	357,4	399,5	358,6
Africa subsahariana	41,6	46,8	44,6	45,6	46,9	163,6	218,6	226,8	271,4	315,8
Totale	40,4	28,4	27,9	22,8	21,1	1.481,8	1.171,2	1.218,5	1.096,9	1.092,7

[a] Parità di potere d'acquisto.

Fonte: S. Chen e M. Ravallion, *How have the world's poorest fared since the early 1980s?* (2004) e PovcalNet, http://iresearch.worldbank.org/PovcalNet/jsp/index.jsp.

innegabile, non si deve incorrere nel rischio di un eccessivo ottimismo. Quando si consideri come soglia di povertà 2 dollari al giorno, il numero delle persone povere nel mondo è effettivamente cresciuto di quasi trecento milioni, principalmente a causa del peggioramento delle condizioni di vita in India.

La cooperazione allo sviluppo è efficace?

La tentazione di chiedersi quale sia stato il contributo dell'aiuto allo sviluppo in tutto questo è forte. Il dibattito sull'efficacia dell'Aps ha costellato i cinquant'anni della loro esistenza. Già nel 1958 l'economista Milton Friedman bollava lo strumento dell'aiuto come inefficace a perseguire il suo obiettivo fondamentale. Innumerevoli analisi sono seguite nel corso degli anni, con risultati contrastanti.

Una discussione seria sull'efficacia dovrebbe partire dalla constatazione che la Pcs non ha un unico obiettivo (promuovere lo sviluppo), bensì ne ha molteplici, talvolta incoerenti fra loro. Quando si valuta l'efficacia degli aiuti bisognerebbe specificare rispetto a quale obiettivo questa è misurata. Friedman, ad esempio, si riferiva all'inefficacia nell'impedire il diffondersi del comunismo nei paesi del Terzo mondo. Torneremo sull'argomento dell'efficacia degli aiuti nel capitolo quarto.

Senza entrare nei dettagli del dibattito, ormai caratterizzato da notevoli livelli di tecnicismo, consideriamo brevemente il principale oggetto del contendere. La domanda cui si deve rispondere è: in che misura l'Aps contribuisce allo sviluppo del paese che lo riceve? A prima vista la risposta sembra scontata. Maggiori risorse finanziarie non possono che favorire la crescita. Gli scettici obiettano però che vi sono effetti indiretti che possono controbilanciare quelli positivi e addirittura peggiorare le prospettive di crescita del paese recettore. In primo luogo, si possono verificare effetti di sostituzione. Gli aiuti, anziché sommarsi alle risorse nazionali per finanziare lo sviluppo, libererebbero queste ultime, che sarebbero utilizzate a scopi improduttivi (fungibilità dell'aiuto). Vi possono anche essere effetti indesiderati sul tasso di cambio della valuta del paese, laddove gli aiuti, attraverso il loro impatto sulla spesa pubblica, inducono un apprezzamento del cambio, deteriorando la competitività delle esportazioni (il cosiddetto *Dutch disease*). Poi, l'APS creerebbe dipendenza, riducendo l'incentivo per chi li riceve a sforzarsi per fare meglio o, addirittura, inducendolo a fare peggio, visto che un miglioramento della performance potrebbe costare una riduzione dell'aiuto (*moral hazard*, azzardo morale). Infine, le modalità in cui gli aiuti sono erogati – dalla «burocrazia della cooperazione» nei paesi donatori al governo/burocrazia del paese recettore, spesso vincolati all'acquisto di beni o servizi dal paese donatore – ostacolerebbero il processo di sviluppo, sovraccaricando la fragile burocrazia locale, favorendo il dirigismo (anziché il mercato) e creando opportunità di corruzione. Probabilmente, il più fiero critico dell'industria della cooperazione allo sviluppo è stato l'economista inglese Peter Bauer, che ha lungamente invocato la cessazione totale dell'APS.

Fino a qui la teoria. Che cosa suggerisce la verifica empirica? Valutare l'efficacia degli interventi di cooperazione allo sviluppo è compito molto complicato. La principale difficoltà risiede, come in tutti gli esperimenti nelle scienze sociali, nell'impossibilità di controllare tutti i fattori che concorrono a determinare il risultato osservato. Vi è poi un problema di oggettività della valutazione. Per questo motivo, la valutazione dei progetti di cooperazione è spesso affidata ad esperti esterni all'agenzia che realizza l'intervento e segue procedure trasparenti e condivise. Queste valutazioni, complicate e costose, ma sicuramente utili, cercano di determinare la rilevanza, l'efficacia, l'efficienza, l'impatto e la sostenibilità del progetto realizzato.

Nel cercare di valutare l'efficacia degli aiuti, si potrebbe essere tentati di fare riferimento ai risultati di questi esercizi. Si potrebbero allora citare i numerosi esempi di progetti e programmi di successo. La Banca mondiale ha recentemente pubblicato una breve storia di programmi di grande successo. Tra questi, la lotta alla oncocerciasi, o cecità del fiume, in Africa occidentale, i programmi di alfabetizzazione femminile in Bangladesh, la ricostruzione della Bosnia Erzegovina e di Timor Est, o la lotta contro l'Aids in Uganda. Questi sono però solo esempi, e come tali sono soggetti alla critica di scegliere l'evidenza che meglio conferma una teoria (nel caso specifico il successo della politica di cooperazione). Altri esempi di sprechi e insuccessi potrebbero essere citati dai sostenitori della tesi opposta.

Un altro problema risiede nella portata circoscritta di queste valutazioni, che aiutano poco, quando si cerca di comprendere l'impatto della cooperazione sullo sviluppo del paese beneficiario. Le stesse forme di cooperazione oggi prevalenti, quali il supporto al bilancio o a programmi settoriali, difficilmente si prestano a valutazioni costi/benefici o del tipo appena descritto.

L'analisi statistica ci viene in soccorso per astrarre dal caso particolare, stabilire l'impatto sullo sviluppo complessivo del paese e prendere in considerazione i molteplici fattori che intervengono a determinare il risultato osservato. In genere, l'economista sottopone a verifica statistica la correlazione, nel corso degli anni, tra il flusso di aiuti che entrano in un paese e la crescita del reddito *pro capite*, tenendo in considerazione una serie di caratteristiche politiche, economiche, strutturali e ambientali, le quali potrebbero concorrere a determinare il risultato. L'analisi viene compiuta su un numero di paesi elevato, in modo tale da poter astrarre dal caso particolare e generalizzare i risultati. La mancanza di dati comparabili restringe però la scala temporale dell'analisi stessa.

Henrik Hansen e Finn Tarp hanno ricostruito questo dibattito che, per ragioni di spazio, non possiamo riportare qui. Ci limiteremo a sintetizzare i risultati e mostrarne le principali implicazioni. Fino alla seconda metà degli anni Novanta, i risultati hanno puntato a un effetto nullo dell'aiuto sulla crescita, rafforzando la percezione generalizzata tra i decisori politici che la Pcs non stava facendo la differenza e giustificando la riduzione degli aiuti (*aid fatigue*). Per tutta risposta, la Banca mondiale ha lanciato uno studio di ampia portata per verificare se, e sotto quali condizioni, l'aiuto funziona. È chiaro che la capacità dell'Aps di generare qualsivoglia risposta dipende dalle condizioni in cui è inserito e dalle ragioni che lo motivano. Da qui l'intuizione di Paul Collier e David Dollar: l'aiuto funziona a promuovere la crescita (e a ridurre la povertà) laddove il governo locale mette in atto politiche macroeconomiche virtuose. Per massimizzare l'impatto positivo dell'Aps sulla crescita, i donatori dovrebbero allora concentrarlo in quei paesi che adottano buone politiche. Chiaramente, questo non è stato il criterio guida per gran parte degli aiuti durante gli anni della guerra fredda, quando considerazioni strategiche e geopolitiche prevalevano sui bisogni e sulla qualità delle politiche dei governi beneficiari.

Un'implicazione concreta di questi studi è la creazione, nel 2002, dell'iniziativa americana *Millennium challenge account*. Questo programma, operativo dal 2004, mette a disposizione ingenti aiuti allo sviluppo a quei paesi che mostrano concreti progressi nel campo della lotta alla corruzione e del miglioramento della *governance*, come misurati da una serie di indicatori quantitativi e qualitativi.

Analisi successive hanno però mostrato che l'efficacia dell'aiuto non dipende solo dalle politiche economiche, ma anche da fattori quali la vulnerabilità ai conflitti o alle calamità naturali. Gli aiuti sarebbero allora più efficaci in paesi vulnerabili, a prescindere dalla qualità delle loro politiche economiche. Critiche sono state anche sollevate circa l'affidabilità degli indicatori di *governance* e il loro uso per guidare l'allocazione degli aiuti.

Più recentemente i ricercatori del Center for global development, un istituto di ricerca americano, hanno mostrato come l'analisi di tipo aggregato illustrata sopra possa essere fuorviante. L'intuizione è che diversi tipi di aiuto hanno un impatto differente sulla crescita del reddito. Alcuni tipi di aiuto (ad esempio la riduzione del debito, o il finanziamento delle infrastrutture) incidono più rapidamente sulla crescita; altri (ad esempio la promozione della democrazia o la tutela dell'ambiente) hanno probabilmente un effetto solo sulla crescita di lungo periodo. L'impiego dei flussi aggregati nell'analisi statistica fa sì che i vari effetti si confondano, col risultato che nessun effetto sulla crescita è riscontrato. I risultati preliminari dell'analisi disaggregata confermano come l'aiuto «a effetto rapido» stimoli la crescita del reddito, e che lo stimolo è tanto più forte quanto migliori sono le caratteristiche politico-istituzionali del paese recettore.

2. *La cooperazione internazionale allo sviluppo oggi*

Gli attori della cooperazione

Chi fa cooperazione allo sviluppo? Numerosi sono gli attori che partecipano alla discussione delle politiche di cooperazione, al loro finanziamento e realizzazione. A grandi linee, possiamo distinguere tra attori pubblici e privati. I primi includono i governi e le istituzioni internazionali. I secondi includono le imprese e il cosiddetto settore no-profit.

Donatori bilaterali. Tutti i governi dei paesi sviluppati e un numero crescente di paesi emergenti attuano in qualche misura una politica di cooperazione allo sviluppo. I principali paesi donatori sono i 22 membri del Dac, che rappresentano complessivamente il 95% di tutti i flussi di Aps. I principali donatori non-Dac sono i paesi arabi, in particolare l'Arabia Saudita. Nuovi donatori stanno emergendo sia nel gruppo dei paesi Ocse (ad esempio Corea del Sud e Turchia) sia tra i paesi non Ocse (Cina, Taiwan, India e Israele).

A seconda del paese, la responsabilità dell'attuazione della Pcs può essere attribuita a un ministero della Cooperazione (è il caso del Department for international development, Dfid, del Regno Unito), ad una agenzia specializzata, più o meno autonoma dal governo (è il caso della Gesellschaft für technische Zusammenarbeit, Gtz, in Germania, organizzata come un'impresa privata, ma facente capo al governo, o dell'Agence française du developpement, AFD, in Francia), oppure a un dipartimento all'interno del MAE (come la Direzione generale per la cooperazione allo sviluppo, DGCS, in Italia).

Il DAC è il forum, all'interno dell'OCSE, dove si discute di cooperazione allo sviluppo. Creato nel 1961, il Comitato lavora per l'armonizzazione delle politiche di cooperazione, la raccolta e disseminazione di dati, la produzione di linee guida e raccomandazioni per i donatori. La PCS di ciascun paese membro viene periodicamente esaminata ad opera di due altri paesi (*peer review*). Gli esaminatori valutano in che misura le raccomandazioni prodotte dal DAC sono state attuate, come la PCS del paese possa essere migliorata e quali esempi importanti per gli altri membri possano esserne tratti.

Donatori multilaterali. Accanto ai governi, numerosi organismi multilaterali operano nell'ambito della cooperazione allo sviluppo. I principali sono riassunti nella tabella 3. Questi includono le istituzioni finanziarie internazionali, le agenzie delle Nazioni Unite e la Commissione europea (CE). Tra le istituzioni finanziarie internazionali, le Banche regionali di sviluppo e le Istituzioni di Bretton Woods sono sicuramente gli attori principali. In particolare, la Banca internazionale per la ricostruzione e lo sviluppo (IBRD) e la già citata Associazione internazionale per lo sviluppo (IDA), entrambe facenti parte del gruppo della Banca mondiale, sono tra i maggiori donatori. L'IDA è un fondo che eroga prestiti a interesse zero ai paesi più poveri, che non hanno la capacità finanziaria di contrarre prestiti a termini di mercato; la IBRD estende invece prestiti ai governi dei paesi con redditi *pro capite* relativamente elevati. Sempre del gruppo della Banca mondiale, la Società finanziaria internazionale (International finance corporation, IFC) è un'agenzia che opera per promuovere lo sviluppo dell'industria privata nei PVS attraverso l'erogazione di appositi prestiti direttamente al settore privato e la mediazione verso il mercato internazionale del credito. Il Programma per lo sviluppo (UNDP) è tra le principali agenzie ONU ed ha come

TAB. 3. *Principali donatori multilaterali*

Istituzioni finanziarie internazionali (IFI)
Istituzioni di Bretton Woods
Fondo monetario internazionale (www.imf.org)
Gruppo della Banca mondiale (www.worldbank.org), include IBRD, IDA, IFC e MIGA
Banche regionali di sviluppo
Banca africana di sviluppo (www.afdb.org)
Banca asiatica di sviluppo (www.adb.org)
Banca interamericana di sviluppo (www.iadb.org)
Banca di sviluppo caraibica (www.caribank.org)
Banca islamica di sviluppo (www.idb.org)
Banca europea per la ricostruzione e lo sviluppo (www.ebrd.org)
Fondi specifici
Fondo internazionale per lo sviluppo agricolo (www.ifad.org)
Fondo nordico per lo sviluppo (www.ndf.fi)
Fondo arabo per lo sviluppo economico e sociale (www.arabfund.org)
Agenzie delle Nazioni Unite
Programma delle Nazioni Unite per lo sviluppo (www.undp.org)
Fondo delle Nazioni Unite per l'infanzia (www.unicef.org)
Programma alimentare mondiale (www.wfp.org)
Alto commissariato delle Nazioni Unite per i rifugiati (www.unhcr.org)
Unione europea
Commissione europea: Dg Sviluppo, Dg Relex ed Echo (http://europa.eu.int)
Banca europea degli investimenti (www.eib.org)

missione la condivisione delle conoscenze e delle esperienze e il rafforzamento delle capacità dei Pvs, per contribuire all'affermazione di governi democratici, alla lotta contro la povertà e alla prevenzione e ricostruzione delle crisi umanitarie.

Attori non-governativi: la società civile e il settore privato. Le ONG rappresentano la realtà più importante e variegata fra gli attori della società civile coinvolti nella cooperazione allo sviluppo. In Italia, il Coordinamento delle ONG per la cooperazione internazionale allo sviluppo (COCIS) definisce le ONG come «associazioni private, senza fini di lucro, che promuovono e realizzano azioni di cooperazione internazionale finalizzate allo sviluppo dei paesi poveri. Operano sulla base dei principi di solidarietà tra popoli, per la promozione ed il rispetto dei diritti fondamentali dell'umanità». La legislazione italiana (d.lgs. 460/1997) qualifica le ONG come un particolare tipo di associazioni di volontariato, che svolgono attività senza scopo di lucro. In quanto Organizzazioni non lucrative d'utilità sociale (ONLUS), le ONG svolgono un'attività a beneficio di soggetti terzi rispetto ai soci; in particolare, esse perseguono questa finalità operando nel campo della cooperazione internazionale allo sviluppo. Non sono considerate tali quelle ONLUS che, ad esempio, si occupano di alleviare la povertà nei paesi sviluppati.

L'universo ONG è eterogeneo e complesso. Esso copre un'ampia gamma di attività, che vanno dall'intervento umanitario in zone di crisi alla promozione del commercio equo e solidale, passando per l'educazione e la sensibilizzazione ai problemi dello sviluppo. Semplificando, possiamo distinguere due tipi di organizzazioni (non mutuamente escludentisi): quelle di opinione (*advocacy*), che promuovono a vari livelli una determinata causa o movimento di opinione, e quelle operative, il cui scopo primario è la progettazione ed esecuzione di progetti di cooperazione. A proposito di queste ultime, la legislazione italiana (legge 49/1987) prevede che esse possano ricevere finanziamenti pubblici solo dopo avere ottenuto un riconoscimento formale da parte del MAE, dopo un'istruttoria particolarmente selettiva tesa a valutarne l'affidabilità.

Sebbene la dimensione esatta dell'universo ONG sia sconosciuta, la Banca mondiale ha stimato che vi sarebbero fino a trentamila ONG al lavoro nei PVS. Nel 2002 le ONG ufficialmente riconosciute dal Comitato sulle ONG delle Nazioni Unite erano 2.236, di cui 131 di grandi dimensioni e attive su più temi.

L'emergere delle ONG, quali attori chiave della cooperazione allo sviluppo, è uno dei tratti più innovativi e caratterizzanti degli ultimi due decenni. Benché la loro origine risalga alle emergenze umanitarie prodotte dalle due guerre mondiali (nel caso della Croce rossa internazionale, CRI, addirittura alla fine del XIX secolo), è soprattutto a partire dagli anni Ottanta che le ONG hanno conquistato la ribalta ed esteso il loro campo d'azione. A fronte dell'immobilismo statale, causato dalla guerra fredda, ONG quali la CRI e Médecins sans Frontières (MSF) hanno affermato il cosiddetto *droit d'ingerence* (diritto di ingerenza) e sono intervenute in situazioni di crisi umanitaria in Africa e altrove. Il diritto di ingerenza sarebbe giustificato dalla Dichiarazione universale dei diritti dell'uomo, in base alla quale tutti gli esseri umani hanno diritto a ricevere assistenza umanitaria.

Grazie alla loro indipendenza, conoscenza diretta del terreno e capacità di arrivare laddove i donatori tradizionali non possono o non sono in grado di arrivare, le ONG sono state riconosciute dai governi e dall'opinione pubblica quale strumento importante per attuare interventi umanitari e di cooperazione. Come anticipato nel capitolo precedente, con l'emergere dell'approccio partecipativo allo sviluppo negli anni Novanta, i donatori privilegiano il ricorso a ONG per realizzare i propri progetti di cooperazione. Questo mutamento favorisce anche la moltiplicazione delle ONG provenienti da PVS, che si presentano come rappresentanti della emergente società civile di questi paesi e partner alternativi agli attori statali per i donatori.

Con l'aumentare della loro importanza e l'ampliarsi delle aree di intervento, le ONG sono state confrontate con la necessità di gestire considerevoli risorse e di gestirle in maniera efficace e trasparente. Inoltre, per meglio supportare la propria azione, sia operativa che di *advocacy*, in un campo estremamente complesso come quello dello sviluppo, numerose ONG hanno iniziato a compiere analisi in proprio dei problemi dello sviluppo, arrivando talvolta a trasformarsi in veri e propri *think tanks* indipendenti. Questi mutamenti hanno spinto le ONG a professionalizzarsi. Organizzazioni quali Caritas, OXFAM, Care non solo rappresentano migliaia di volontari, sono attive in numerosi paesi del mondo e su un'ampia gamma di temi; esse ricevono una parte consistente dell'Aps globale e influenzano in maniera significativa l'opinione pubblica sullo sviluppo e l'operato dei principali donatori. Basti pensare, ad esempio, alla campagna per la cancellazione del debito dei paesi poveri promossa da *Jubilee 2000*, o ancora alla risonanza degli studi di Oxfam sulle regole e implicazioni della liberalizzazione commerciale globale.

I flussi e le modalità

I trasferimenti di risorse dal donatore al beneficiario vengono classificati a seconda della loro fonte (pubblica, privata), della finalità che intendono perseguire, del livello di sviluppo del destinatario e delle condizioni eventuali di rimborso. La cooperazione può essere *finanziaria*, realizzata essenzialmente con doni e crediti d'aiuto; *materiale*, con l'invio di beni (ad esempio aiuti alimentari); *tecnica*, con il trasferimento di capacità operative per mezzo di esperti ed attrezzature. Al fine di interpretare i dati, è opportuno notare che i donatori riportano due tipi di grandezze. Gli impegni (*commitments*) e gli esborsi (*disbursements*). Nel primo caso un donatore si impegna a trasferire a un beneficiario una certa prestazione. Perché possa essere registrato nelle statistiche ufficiali degli aiuti, è necessario che sia sancito da un accordo tra le parti e abbia una provata copertura finanziaria. Nell'accordo vengono specificati l'oggetto della prestazione, le condizioni di trasferimento e l'eventuale rimborso. L'esborso rappresenta la somma effettivamente trasferita dal donatore al beneficiario. Si può trattare di un trasferimento diretto di fondi o dell'acquisto di beni o servizi per il beneficiario. L'esborso può essere lordo oppure netto, quando vengono scontati i rimborsi versati dal beneficiario al donatore. Tra la registrazione dell'impegno e l'attuale esborso dei fondi può intercorrere un lasso più o meno lungo di tempo. In molti casi, le somme effettivamente sborsate sono inferiori a quelle impegnate. Quando si voglia valutare l'ammontare di risorse effettivamente trasferito al beneficiario, si deve guardare agli esborsi netti. L'analisi degli impegni è comunque importante, perché essi rappresentano la volontà del donatore su quantità, tipo e destinazione settoriale degli aiuti.

Di seguito presentiamo in maniera schematica la classificazione del DAC delle varie risorse trasferite verso i paesi beneficiari. Si distinguono, innanzitutto, i trasferimenti effettuati dal settore pubblico da quelli del settore privato. Per essere classificato come APS (in inglese Official development assistance, ODA), un trasferimento (in moneta o in natura) deve soddisfare quattro requisiti: il donatore deve essere pubblico, il destinatario deve essere un PVS, la finalità principale del trasferimento deve essere la promozione dello sviluppo, il finanziamento deve essere un dono o un prestito erogato a condizioni privilegiate. È escluso dall'APS qualsiasi dono o credito teso a finanziare spese militari. Più precisamente, il glossario del DAC definisce APS tutti «quei flussi ai PVS e alle istituzioni multilaterali forniti da organi pubblici, inclusi i governi statali e locali, o i loro organi esecutivi, ciascuna transizione dei quali soddisfa le seguenti condizioni: *a*) è amministrata con l'obiettivo di promuovere lo sviluppo economico e il benessere dei PVS; *b*) è a condizioni agevolate (concessionali) e contiene un elemento dono pari almeno al 25%».

I crediti di aiuto inclusi nell'APS sono prestiti a condizioni agevolate, ossia contengono un «elemento dono», che li differenzia dai finanziamenti di carattere commerciale. Tre elementi concorrono a determinare l'elemento dono del prestito: il tasso di interesse praticato dal donatore rispetto al tasso di mercato, la maturità del prestito (la data alla quale l'integralità del prestito deve essere rimborsata) e il cosiddetto periodo di grazia (vale a dire l'intervallo che intercorre fra l'erogazione del prestito e il momento in cui il primo rimborso del capitale è effettuato).

Accanto ai flussi finanziari, l'APS include anche la fornitura di cooperazione tecnica (*technical cooperation*). Questa si prefigge di rafforzare le capacità umane e istituzionali nei PVS ed include tutti i doni a cittadini dei PVS perché ricevano una educazione o formazione, nonché i pagamenti a consulenti, esperti, amministratori e insegnanti, che prestino servizio nel Pvs beneficiario degli aiuti. Nel calcolo degli aiuti sono inclusi anche i costi accessori di trasferimento di macchinari ed equipaggiamento. La cooperazione tecnica rappresenta oltre un terzo del totale degli aiuti erogati ogni anno. Le statistiche non includono invece il finanziamento di servizi che contribuiscono alla progettazione o realizzazione di un investimento fisico. Questi aiuti accessori sono definiti dal Dac «assistenza tecnica». In pratica (e nel prosieguo di questo libro), i termini cooperazione tecnica e assistenza tecnica sono usati in modo equivalente.

I trasferimenti pubblici, che rispettano i criteri dell'Aps ma che sono indirizzati a paesi non classificati come Pvs – vale a dire i paesi in transizione (ad esempio le ex repubbliche sovietiche) e i Pvs «più avanzati» – vengono classificati come aiuti pubblici (*Official assistance*, Oa) e non sono contabilizzati nell'ambito delle risorse che concorrono al raggiungimento dell'obiettivo dello 0,7% del Pnl. La lista dei paesi eligibili per ricevere Aps o Ap viene compilata e aggiornata dal Dac periodicamente. Nel dicembre 2005 la lista è stata semplificata, con la decisione di distinguere i paesi recipienti di aiuti solo in base a criteri di reddito *pro capite*. La nuova lista include quali Pvs – eligibili cioè a ricevere Aps – tutti i paesi meno avanzati (Pma), i paesi a reddito basso (reddito *pro capite* inferiore a 825 dollari nel 2004) e medio (reddito *pro capite* inferiore a 10.065 dollari nel 2004), fatta eccezione per quelli che fanno parte del G8, dell'Ue o in fase di ingresso all'Ue (Bulgaria e Romania). In seguito a questa decisione, tre paesi precedentemente inclusi nella lista Ap sono ora inclusi nella lista dei Pvs (Bielorussia, Libia e Ucraina) e il Dac ha smesso di monitorare i flussi di aiuti pubblici destinati a paesi non eleggibili di Aps.

Infine, tutti gli altri trasferimenti pubblici verso i Pvs, che non soddisfano gli altri due criteri dell'Aps (loro finalità primaria non è promuovere lo sviluppo o il loro elemento di dono è inferiore al 25%), sono classificati come altri flussi ufficiali (*Other official flows*, Oof). Questi includono in particolare i crediti all'esportazione, gli investimenti effettuati dal donatore (pubblico) nel Pvs e le operazioni di rinegoziazione del debito a termini non concessionali.

Un'ulteriore distinzione riguarda il canale attraverso cui la cooperazione è effettuata. Distinguiamo cooperazione bilaterale (dal paese donatore direttamente al paese beneficiario), multilaterale (dal paese donatore a un organismo multilaterale che decide come utilizzare le risorse in uno o più paesi beneficiari) e multibilaterale (l'intervento è deciso e finanziato a livello bilaterale, ma l'esecuzione è affidata ad un'agenzia specializzata). Secondo i criteri del Dac, un contributo erogato da un governo a un'istituzione internazionale si qualifica come aiuto multilaterale quando l'istituzione beneficiaria ha come propri membri dei governi e agisce principalmente a sostegno dei Pvs, il contributo confluisce all'istituzione e si confonde con quelli di altri governi, e, infine, viene utilizzato a discrezione dell'istituzione ricevente.

Per quanto riguarda le modalità di erogazione degli aiuti, queste sono numerose e presentano diverse caratteristiche gestionali e condizionalità. Una descrizione dettagliata delle varie modalità si può trovare sul sito internet «La Piazza della Cooperazione» (http://piazza.setis.com).

Una distinzione importante è tra «aiuto progetto» e «aiuto programma». L'aiuto progetto è finalizzato alla realizzazione di un particolare intervento (ad esempio la costruzione di una scuola) e prevede pertanto una specificazione assai dettagliata delle spese e delle attività finanziate. L'aiuto programma, invece, prevede il trasferimento di risorse finanziarie al paese beneficiario per sostenere il funzionamento delle attività di governo, e non tanto specifiche attività.

Tra i vari strumenti dell'aiuto programma, è opportuno ricordare i programmi di sostegno alla bilancia dei pagamenti, quelli di sostegno al bilancio, quelli settoriali e quelli di riduzione del debito.

Il sostegno alla bilancia dei pagamenti implica il trasferimento di risorse al paese, affinché questo possa importare i beni e servizi di cui ha bisogno o fare fronte a problemi di debito estero. Generalmente, questo è realizzato nell'ambito di un programma di riforme strutturali e il disborso dei fondi è legato al soddisfacimento di certe condizioni stabilite in seno al programma che il paese beneficiario si impegna a rispettare. I programmi di sostegno al bilancio sono simili a quelli di bilancia dei pagamenti, ma gli aiuti servono a finanziare il bilancio pubblico. Il disborso è generalmente legato al conseguimento di certe priorità (ad esempio aumento delle spese sociali), fissato in un piano di spesa a medio termine (*medium term expenditure framework*). Il sostegno settoriale è un tipo di sostegno al bilancio, che serve a finanziare specifici programmi settoriali (ad esempio l'educazione). I programmi di cancellazione del debito sono utilizzati per cancellare in parte o totalmente il debito, che il governo del paese beneficiario ha nei confronti del governo del paese donatore. Essi non riguardano cioè il debito commerciale, dovuto dal governo debitore a banche o altre istituzioni finanziarie private. La cancellazione del debito non implica un trasferimento finanziario diretto dal donatore al recipiente, bensì libera risorse che sarebbero altrimenti utilizzate per ripagare il capitale e gli interessi. Nell'ambito dell'iniziativa principale di cancellazione del debito, quella per i paesi poveri fortemente indebitati (*Heavily indebted poor countries*, Hipc), il paese beneficiario si impegna ad utilizzare le risorse liberate in spese tese a ridurre la povertà.

Varie sono infine le aree specifiche di intervento. Tra queste ricordiamo gli interventi a sostegno delle attività produttive e del settore privato, gli aiuti alimentari, gli aiuti per emergenze e catastrofi, gli aiuti per la promozione della democrazia, dei diritti umani e della parità fra i sessi.

Accanto agli aiuti pubblici, non bisogna scordare le risorse trasferite dal settore privato ai Pvs. Queste includono le donazioni e gli altri interventi a fine non-lucrativo effettuate da Ong o altri enti no-profit. In particolare, le fondazioni filantropiche hanno assunto un ruolo e dimensioni molto importanti negli ultimi anni. Basti pensare che la Fondazione Gates ha erogato nel 2005 950 milioni di dollari in aiuti internazionali. Queste risorse non sono contabilizzate come aiuti, in quanto non erogate dal settore pubblico.

Il volume e la composizione dei flussi di aiuti

A quanto ammontano le risorse trasferite verso i Pvs? Quali sono le tendenze storiche? Quali sono le principali modalità? Chi sono i maggiori donatori? Chi i maggiori beneficiari? Il Rapporto annuale del Dac sulla cooperazione allo sviluppo offre una risposta a tutte queste domande. I dati e le spiegazioni delle varie categorie sono disponibili sul sito www.oecd.org/dac.

Il Dac produce per ciascun donatore e per ciascun paese beneficiario un'utile scheda riassuntiva sulla grandezza e la composizione degli aiuti erogati o ricevuti. Familiarizzarsi con queste schede è il modo migliore di comprendere la discussione più dettagliata che segue. Riportiamo qui di seguito la tavola riassuntiva riguardante l'Italia (box 1). Al fine di poter comparare gli aiuti erogati e ricevuti da paesi diversi e in anni diversi, il Dac converte queste grandezze in una moneta di riferimento (dollari) e le aggiusta per tenere conto dell'andamento dei prezzi (inflazione) e dei tassi di cambio. Nel 2003 l'Aps italiano è ammontato a 2,46 miliardi di dollari, 1,2% in più dell'anno precedente. A prezzi costanti, però, gli aiuti sono diminuiti di oltre il 10%. Parallelamente alla riduzione degli aiuti erogati, il rapporto Aps/Pnl è sceso dallo 0,17 allo 0,15%. In termini di paesi beneficiari, il nostro governo ha privilegiato i Pma, che sono principalmente situati in Africa subsahariana, quali la Repubblica democratica del Congo e il Mozambico. In termini di composizione degli aiuti, si nota l'importanza degli interventi nei settori sociali e della cancellazione del debito, che ha rappresentato il 12% nel 2003-04, ma oltre un terzo del totale degli aiuti nel periodo 2002-03.

L'andamento degli aiuti nel corso degli anni. I dati preliminari resi pubblici dal DAC nell'aprile 2006 (quelli definitivi vengono pubblicati in dicembre) indicano che l'APS si è innalzato a 106,5 miliardi di dollari USA nel 2005, vale a dire il 31% in più rispetto al 2004 in termini reali. Questo fenomenale aumento si deve principalmente al forte ricorso alla cancellazione del debito, soprattutto per Iraq e Nigeria, e agli aiuti umanitari per i paesi colpiti dallo tsunami nel 2004. Nel 2004, anno più recente per cui i dati definitivi sono disponibili, i paesi membri del DAC hanno erogato complessivamente 79,5 miliardi di dollari di APS, un aumento del 6% in termini reali rispetto al 2003. L'APS erogato nel 2004 (e *a fortiori* nel 2005) rappresenta il più alto livello di aiuti mai erogato, sia in termini nominali che reali (corretti cioè per l'inflazione e le variazioni nei tassi di cambio). A questi si aggiungono 8,8 miliardi di dollari di aiuti ufficiali, destinati principalmente ai paesi in transizione. L'APS rappresenta nel 2004 lo 0,26% del PNL combinato dei paesi DAC e poco più dell'1% del PNL dei paesi beneficiari. La continua crescita registrata negli ultimi anni dovrebbe riportare il rapporto APS/PNL del 2005 per l'insieme dei donatori allo 0,33%, vale a dire al livello medio registrato durante gli anni 1980-92. Se ci si limita a considerare i paesi recettori più poveri, i cosiddetti PMA, gli aiuti erogati ammontano a 25 miliardi, pari allo 0,08% del PNL dei paesi DAC.

Il box 1 mostra l'andamento dell'APS totale dei paesi DAC nel corso degli ultimi vent'anni, sia in termini di volume che in percentuale del PNL dei donatori. Il volume degli aiuti è cresciuto fortemente fra il 1980 e il 1992, anno in cui la tendenza si è invertita. Gli aiuti hanno ricominciato a crescere nel 1998, per raggiungere infine i livelli di inizio decennio nel 2003. In termini relativi (APS/PNL), la tendenza è stata costantemente al ribasso per tutti gli anni Ottanta e Novanta, salvo estemporanee inversioni, legate all'andamento del ciclo economico.

Vari fattori concorrono a spiegare la riduzione degli aiuti negli anni Novanta. La fine della guerra fredda e dell'uso strategico degli aiuti, la necessità di supportare i paesi in transizione (non

Box 1. *Distribuzione degli aiuti italiani allo sviluppo*

A. Volume degli aiuti italiani

APS netto	2003	2004	Variazione (%) 2003-04
A prezzi correnti (milioni $)	2.433	2.462	1,2
A prezzi costanti 2003 (milioni $)	2.433	2.177	–10,5
A prezzi costanti 2003 (milioni di euro)	2.153	1.981	–8,0
APS/PNL	0,17	0,15	
Quota APS bilaterale sul totale (%)	44	29	
AP netto			
A prezzi correnti (milioni di $)	497	664	33,7

B. Distribuzione degli aiuti per livello di reddito (media 2003-04, milioni di dollari)

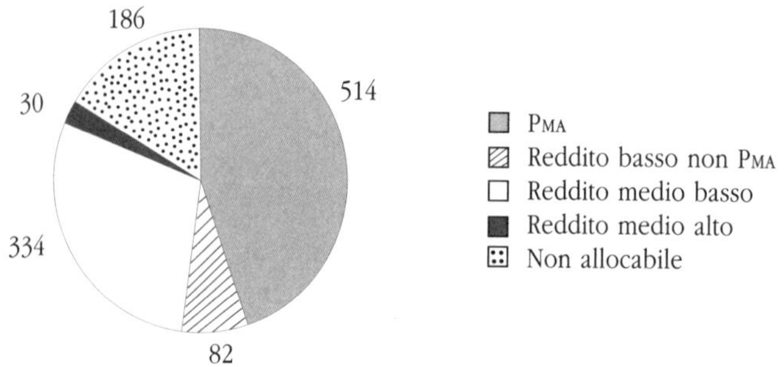

C. Distribuzione degli aiuti per area geografica (media 2003-04, milioni di dollari)

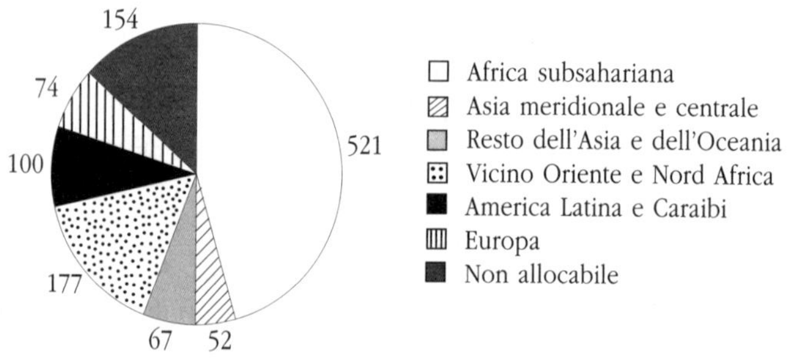

D. Top ten dei paesi beneficiari (APS e AP lordo, milioni di dollari)

2002-03		2003-04	
Mozambico	231	Rep. dem. del Congo	231
Rep. dem. del Congo	225	Cina	225
Tanzania	67	Tunisia	67
Etiopia	48	Afghanistan	48
Tunisia	35	Guinea-Bissau	35
Guinea-Bissau	35	Etiopia	35
Afghanistan	33	Palestina	33
Cina	33	Costa d'Avorio	33
Palestina	31	Algeria	31
Albania	26	Nicaragua	26

E. Distribuzione degli aiuti per settore di intervento (valori percentuali)

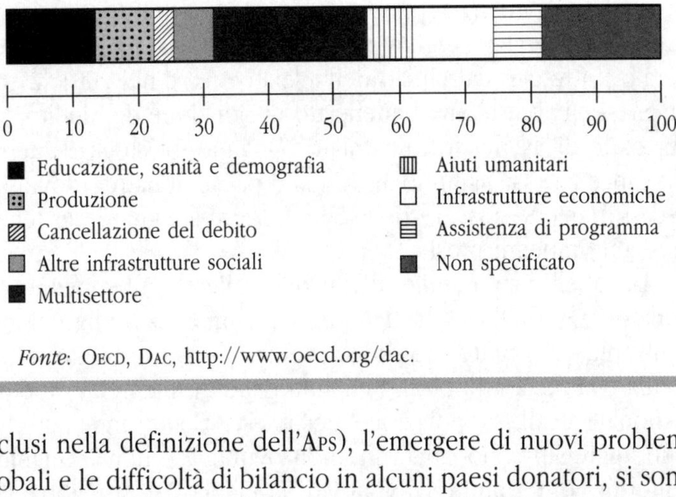

Fonte: OECD, DAC, http://www.oecd.org/dac.

inclusi nella definizione dell'APS), l'emergere di nuovi problemi globali e le difficoltà di bilancio in alcuni paesi donatori, si sono combinati con uno scetticismo tra molti osservatori circa l'efficacia degli aiuti stessi. È importante precisare che la riallocazione degli aiuti verso nuovi beneficiari, i paesi in transizione, spiega solo parzialmente la riduzione dell'APS. Tra il 1993 e il 1996 gli aiuti ufficiali sono aumentati di 2 miliardi di dollari, mentre l'APS è diminuito di 6 miliardi di dollari.

L'aumento degli aiuti, iniziato nel 2002, riflette sia gli impegni presi dai governi nella Conferenza internazionale sul finanziamento dello sviluppo di Monterrey, sia l'accresciuta consapevolezza e impegno di alcuni paesi – dopo gli attacchi terroristici dell'11 settembre 2001 – della necessità di promuovere lo sviluppo nei Pvs per contenere il diffondersi del terrorismo. Se gli impegni presi dai paesi donatori a seguito della Conferenza di Monterrey e dei recenti vertici del G8 verranno realizzati, l'Oecd stima che gli aiuti dei paesi Dac raggiungeranno 140 miliardi di dollari (espressi a prezzi del 2004) nel 2010, portando il rapporto Aps/Pnl allo 0,30% (cfr. fig. 1).

È opportuno sottolineare, però, che gran parte dell'aumento osservato nel 2002-03 è stato conseguito grazie ad una massiccia cancellazione del debito dovuto dai Pvs. Nel 2003 la cancellazione del debito ha rappresentato il 13,6% dell'Aps totale dei paesi Dac, ma ha raggiunto il 40% per paesi quali Francia e Belgio. In totale, dal lancio dell'iniziativa Hipc nel 2001, 27 dei 41 paesi eligibili hanno beneficiato di riduzione del debito, per un totale di 54 miliardi di dollari. Quando gli stock di debito da cancellare si saranno esauriti, i paesi donatori dovranno necessariamente trovare risorse finanziarie adeguate per tenere fede agli impegni presi.

La tabella 4 riassume alcuni dati salienti sull'impegno dei donatori Dac nell'arco dell'ultimo decennio. La prima colonna confronta l'Aps netto erogato (a prezzi costanti), mentre la seconda e la terza rapportano gli aiuti rispettivamente al prodotto nazionale e alla popolazione del paese. Come anticipato, gli aiuti aggregati sono calati, ma non ovunque e non in maniera uniforme. In termini relativi al Pnl, la media Dac si è abbassata sostanzialmente dallo 0,31 allo 0,24, con poche eccezioni alla generale tendenza al ribasso. L'Aps *pro capite* (da non confondere con le donazioni effettuate da privati a titolo personale, che non sono incluse nell'Aps) è ugualmente sceso. Nel biennio 2002-03 ciascun cittadino dei paesi Dac ha contribuito in media 69 dollari di Aps, 3 in meno di dieci anni prima.

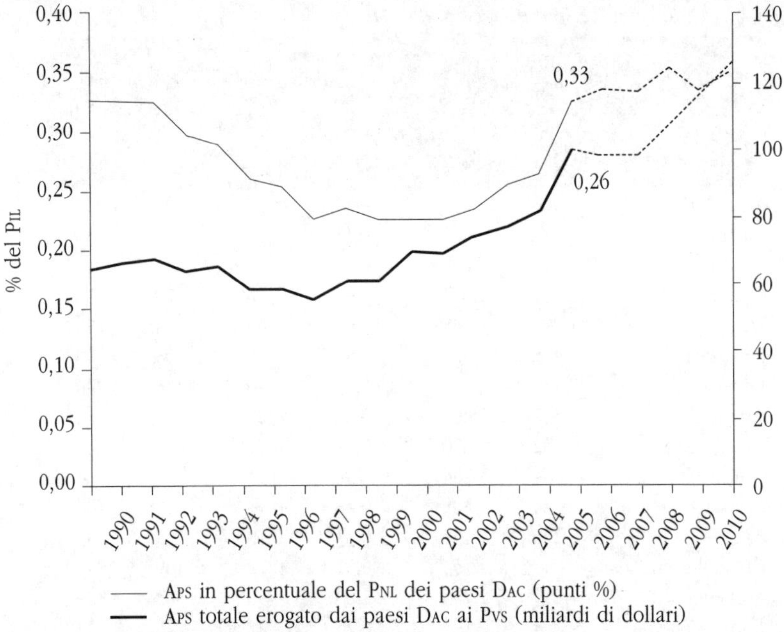

FIG. 1. L'andamento dell'APS dei paesi DAC, volume in dollari USA a prezzi costanti 2004 e frazione del PNL.

Nota: Le linee tratteggiate indicano delle proiezioni fino al 2010, ottenute sulla base degli impegni dei paesi donatori.

Fonte: Rapporto sulla cooperazione allo sviluppo (2005).

Ruolo dell'APS rispetto ad altri tipi di flussi. Tradizionalmente, una delle giustificazioni dell'aiuto allo sviluppo è stata la miopia e riluttanza degli investitori privati ad avventurarsi nei PVS. I donatori sopperirebbero a questa inefficienza del mercato e, mostrando l'esempio, opererebbero da catalizzatori per l'investimento privato. Se effettivamente gli investimenti privati ai PVS sono stati nettamente inferiori agli aiuti nei primi anni della cooperazione, la proporzione si è invertita negli ultimi decenni. Negli anni Sessanta, gli aiuti ai PVS erano di tre volte superiori ai flussi privati. Negli anni Novanta il rapporto è cambiato e i flussi privati ai PVS

TAB. 4. *Confronto degli aiuti dei donatori DAC*

	Volume APS milioni di dollari a prezzi costanti del 2002		APS/PNL (%)		APS *pro capite* milioni dollari a prezzi costanti del 2002	
	1992-93	2002-03	1992-93	2002-03	1992-93	2002-03
Australia	906	991	0,36	0,25	52	50
Austria	184	467	0,11	0,23	23	58
Belgio	764	1.290	0,39	0,53	76	125
Canada	2.250	1.877	0,46	0,26	79	59
Danimarca	1.291	1.538	1,03	0,89	249	285
Finlandia	475	463	0,56	0,35	94	89
Francia	7.239	5.724	0,63	0,40	126	96
Germania	6.355	5.464	0,36	0,28	79	66
Giappone	9.882	8.856	0,28	0,22	79	69
Grecia	–	284	–	0,21	–	26
Irlanda	84	405	0,18	0,40	24	103
Italia	3.225	2.154	0,33	0,18	57	37
Lussemburgo	44	153	0,31	0,79	109	344
Norvegia	1.299	1.735	1,09	0,90	302	381
Nuova Zelanda	98	126	0,25	0,22	28	32
Paesi Bassi	2.592	3.285	0,84	0,80	170	203
Portogallo	271	291	0,31	0,24	27	28
Regno Unito	3.599	5.270	0,31	0,33	62	89
Spagna	1.272	1.645	0,27	0,25	33	39
Stati Uniti	13.009	14.643	0,17	0,14	51	51
Svezia	1.692	1.983	1,01	0,81	195	221
Svizzera	965	1.032	0,39	0,35	140	141
Totale DAC	56.519	59.677	0,31	0,24	72	69
Totale membri UE	29.087	30.417	0,44	0,35	81	79

Nota: Per ciascun paese il dato presentato è la media dei due anni.

Fonte: Elaborazione degli autori su dati DAC, *Rapporto sulla cooperazione allo sviluppo* (2004).

hanno raggiunto, in alcuni anni, anche livelli due volte superiori all'APS. L'accresciuta importanza dei flussi di capitale privato rispetto all'APS è sicuramente una buona notizia e testimonia l'accresciuta fiducia degli investitori nei Pvs. Due precisazioni sono però doverose. In primo luogo, questi flussi tendono ad essere assai più volatili di altre forme di finanziamento, quali le rimesse degli emigrati e lo stesso Aps. Come mostra la tabella 5, i flussi privati verso i Pvs sono crollati in seguito alla crisi del debito del 1982, per poi aumentare durante gli anni Novanta – soprattutto in termini di Investimenti diretti esteri (Ide) – e crollare ancora dopo le crisi finanziarie in Asia, Russia e America Latina alla fine degli anni Novanta. In secondo luogo, se è vero che i flussi privati hanno in qualche misura sopperito alla riduzione degli aiuti dopo il 1992, ciò non si è verificato in maniera uguale in tutte le regioni. In Africa l'Aps rappresenta ancora la principale fonte di finanziamento (quasi il 90% negli anni Novanta) e, benché gli ultimi anni abbiano visto un aumento degli Ide verso la regione, non si è registrato il forte aumento di flussi privati osservato in altre parti del mondo. In virtù del loro accesso limitato ai mercati internazionali dei capitali, questi paesi rimarranno ancora fortemente dipendenti dall'Aps nel futuro prossimo. Secondo i dati più recenti, nel 2003 l'Aps rappresentava il 6% del reddito nazionale complessivo dell'Africa subsahariana. Per alcuni paesi questa cifra è molto più grande: oltre il 60% per São Tomé e Príncipe, il 42% per l'Eritrea e il 39% per il Burundi.

Per concludere, è importante chiarire che il contributo delle Ong, riportato nella tabella 5, include solo le donazioni raccolte dalle stesse presso il settore privato e trasferite ai Pvs. I fondi provenienti dalle agenzie di cooperazione e destinati alle Ong sono inclusi nella voce generale Aps. Quantificare questi fondi non è semplice. I dati Dac contengono una voce «supporto alle Ong» – che rappresenta circa l'1,5% di tutto l'Aps. Questi fondi non includono, però, le risorse che le Ong gestiscono quando realizzano un progetto finanziato dalle agenzie di cooperazione. Come anticipato, si ritiene che queste risorse siano cresciute sostanzialmente dalla metà degli anni Ottanta. Inoltre, questi dati non incorporano il valore del lavoro volontario prestato dai membri dell'organizzazione.

TAB. 5. *Composizione dei flussi finanziari dai paesi DAC ai PVS (percentuale, medie decennali)*

	1971-1980	1981-1990	1991-2000
		Totale PVS	
APS	36,7	50,8	40,4
Altri flussi ufficiali	8,7	6,6	5,1
Flussi privati	50,7	38,2	50,7
Doni di ONG[a]	3,9	4,4	3,8
Totale	100,0	100,0	100,0
		Paesi dell'Africa subsahariana	
APS	59,5	77,8	88,5
Altri flussi ufficiali	11,2	14,4	0,8
Flussi privati	29,3	7,9	10,7
Doni di ONG[a]	n.d.	n.d.	n.d.
Totale	100,0	100,0	100,0

[a] Fondi raccolti direttamente dalle ONG da finanziatori privati. I fondi pubblici gestiti da ONG sono inclusi nell'APS.

Fonte: Howard White, *Long-run trends and recent developments in official assistance from donor countries*, WIDER/ONU, *discussion paper* n. 106, novembre 2002; elaborazione su dati DAC.

Peso relativo dei donatori multilaterali. Nel corso dell'ultimo decennio si è assistito a una lieve riduzione del peso della cooperazione bilaterale in favore di quella multilaterale, che rappresenta ormai circa un terzo del totale per l'insieme dei paesi DAC. L'Italia ha imboccato questa strada in maniera decisa, arrivando ad erogare quasi i tre quarti dei propri aiuti attraverso il canale multilaterale nel periodo 2000-01 (contro il 39% del 1992-93), cifra che si è poi assestata attorno al 60% negli ultimi due anni. L'accresciuto peso del multilaterale riflette sia l'espansione delle competenze e dei programmi gestiti dalle istituzioni multilaterali (in particolare la Banca mondiale e la CE) sia la stabilità dei contributi alle istituzioni multilaterali (spesso determinati automaticamente in base al reddito del paese) a fronte di una riduzione dell'aiuto bilaterale, più facile da tagliare.

Distribuzione dei flussi aggregati per aree geografiche. Come evidenziato dalla figura 2, nel 2004 la regione che ha ricevuto più aiuti è l'Africa – quasi 30 miliardi di dollari, pari al 46% del totale – seguita dall'Asia (poco meno di 23 miliardi).

La distribuzione geografica degli aiuti è significativamente cambiata nel corso degli ultimi trent'anni, a riflettere sia l'attenuarsi in alcune regioni della necessità di aiuti, sia le mutate condizioni geopolitiche. L'importanza dell'Africa è cresciuta tra l'inizio degli anni Settanta e la fine degli anni Ottanta, passando da poco più di un quarto a quasi la metà degli aiuti totali. Questa crescita è avvenuta a scapito dell'Asia, area che stava sperimentando forti tassi di sviluppo durante quegli anni. La tendenza si è poi invertita nella seconda metà degli anni Novanta, con la quota dell'Africa scesa al di sotto del 40%, a seguito sia del riorientamento degli aiuti verso i paesi colpiti dalle crisi finanziarie (soprattutto paesi a reddito medio), sia delle difficoltà interne ad alcuni grandi paesi africani, colpiti da guerre civili, che hanno reso difficile erogare aiuti. Una nuova svolta è iniziata dal 2001: in virtù del persistente ritardo di sviluppo del continente africano, i governi dei paesi del G8 hanno deciso nel vertice di Genova di lanciare il Piano d'azione per l'Africa. Nel successivo meeting di Kananaskis in Canada si è stabilito di dirigere verso l'Africa più della metà di tutti gli aumenti degli aiuti allo sviluppo negli anni successivi. Si stima che, se gli impegni presi dai paesi donatori verranno rispettati, i paesi africani riceveranno 36 miliardi di dollari nel 2006. Il vertice del G8 tenutosi a Gleneagles, in Scozia, nel luglio 2005 ha ribadito questo impegno, accompagnandolo alla cancellazione del debito dovuto alle banche multilaterali da 18 paesi poveri e altamente indebitati, ma «ben governati». Quindici di questi paesi sono in Africa.

Quando si considerino i singoli donatori, si nota che, salvo rare eccezioni, ciascuno opera prevalentemente nelle aree geografiche vicine e in paesi ad essi legati storicamente. Ad esempio, i paesi europei erogano oltre la metà dei propri aiuti in Africa e nel Vicino Oriente, mentre il Giappone concentra oltre il 70% dei propri aiuti in Asia e Oceania.

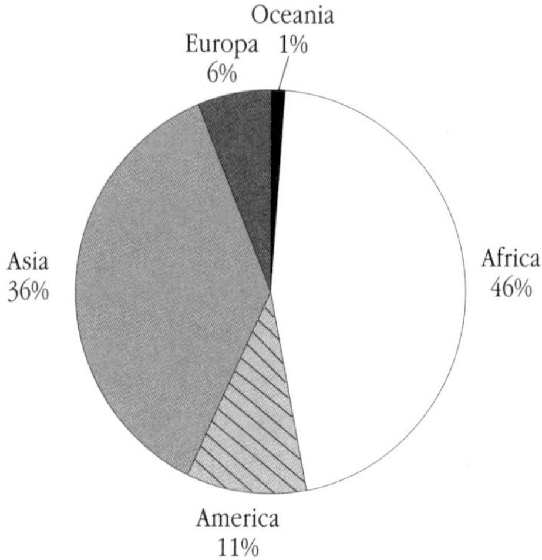

FIG. 2. Distribuzione degli aiuti per area geografica (2004).

Nota: Il totale Aps bilaterale e multilaterale ai Pvs è ottenuto sommando i dati dei paesi Dac e, quando disponibili, quelli dei donatori non-Dac. Il totale (pari a 52,8 miliardi di dollari a prezzi correnti) esclude gli aiuti che non sono geograficamente allocabili.

Fonte: Dac, *Rapporto sulla cooperazione allo sviluppo* (2005), tavola 25.

La tabella 6 confronta l'importanza dei principali paesi beneficiari per l'insieme degli aiuti DAC. Si nota come la quota di aiuti rappresentata dai primi quindici beneficiari sia diminuita nel corso degli anni. Ciascun donatore è attivo in un gran numero di paesi. Complessivamente i membri del DAC hanno programmi di cooperazione in quasi 180 paesi. In un recente studio, Howard White ha calcolato che sul periodo 1991-96 nessun donatore era attivo in meno di cento paesi. Nonostante alcuni beneficiari siano tenuti in particolare considerazione da alcuni donatori e ricevano fette considerevoli dell'aiuto bilaterale, in virtù di precedenti legami coloniali (ad esempio il Mozambico per il Portogallo, la Repubblica democratica del Congo per il Belgio), o di ragioni strategiche (l'Egitto per gli Stati Uniti), gli aiuti sono assai diluiti tra i molti beneficiari.

È interessante considerare le caratteristiche dei paesi recettori. Abbiamo detto come l'obiettivo primario statuito dai donatori per la Pcs sia la riduzione della povertà. Ci potremmo quindi attendere che gli aiuti si concentrino nei paesi più poveri. Numerose analisi dimostrano che questo non si verifica necessariamente. Una semplice scorsa ai principali beneficiari degli aiuti e al loro livello di reddito *pro capite* o al numero di abitanti in stato di indigenza rivela come non siano i paesi più bisognosi a ricevere di più. Le curve di concentrazione degli aiuti sono uno strumento statistico, che consente di valutare in quale misura la distribuzione degli aiuti riflette la distribuzione del reddito o della povertà dei beneficiari. Analisi condotte da Bob Baulch concludono che la distribuzione degli aiuti non è particolarmente progressiva – nel senso che i paesi donatori non sono necessariamente più generosi con i paesi più poveri. Tale risultato si spiega, da una parte, con la preferenza dei donatori verso i piccoli paesi, che ricevono proporzionalmente di più di grandi paesi quali Cina, India o Nigeria, dove si concentra una grande parte della povertà; dall'altra, con la constatazione che gli aiuti, nonostante le finalità statuite, sono uno strumento di politica estera e in quanto tali possono essere distribuiti sulla base di criteri diversi dallo stato di bisogno del recettore.

Si potrebbe pensare che i paesi che ricevono di più siano quelli più meritevoli, caratterizzati cioè da un buon governo e politiche economiche virtuose. Alberto Alesina e David Dollar trovano che questa ipotesi non passa la verifica empirica e mostrano come, almeno fino agli anni Novanta, i donatori non abbiamo ricompensato con maggiori aiuti i governi con la migliore performance economica o la minore corruzione. Maggiore selettività nella distribuzione degli aiuti è stata invece osservata analizzando i dati degli anni più recenti, indicando come alcuni donatori abbiano cominciato a interrogarsi seriamente sull'importanza delle caratteristiche dei paesi beneficiari. Alcuni programmi come il *Millennium Challenge Account* degli Usa incorporano criteri di eliggibilità basati su indicatori di buon governo.

TAB. 6. *Principali recettori di aiuti (percentuale del totale APS erogato dai paesi DAC)*

1982-83		1992-93		2002-03	
Egitto	4,5	Egitto	5,4	Rep. dem. del Congo	3,8
Israele	4,1	Indonesia	3,8	Cina	2,8
India	3,2	Cina	3,5	India	2,3
Indonesia	3,1	Israele	2,7	Indonesia	2,2
Bangladesh	2,5	Filippine	2,7	Pakistan	2,0
Turchia	1,8	India	2,3	Serbia-Montenegro	1,9
Cina	1,7	Ex Jugoslavia	1,8	Egitto	1,7
Tanzania	1,6	Mozambico	1,5	Mozambico	1,7
Pakistan	1,5	Tanzania	1,3	Afghanistan	1,5
Sudan	1,4	Bangladesh	1,3	Iraq	1,5
Kenya	1,2	Pakistan	1,2	Filippine	1,5
Filippine	1,2	Thailandia	1,2	Tanzania	1,3
Sri Lanka	1,2	Zambia	1,1	Vietnam	1,2
Thailandia	1,2	Marocco	1,1	Giordania	1,1
Papua Nuova Guinea	1,0	Costa d'Avorio	1,0	Bangladesh	1,1
Totale	31,6	Totale	31,9	Totale	27,6

Fonte: DAC, *Rapporto sulla cooperazione allo sviluppo* (2004).

Distribuzione dei flussi aggregati per settore di intervento. Il DAC ha stabilito un sistema di classificazione degli aiuti (impegni) per settore di attività, detto *Creditor reporting system* (CRS). Nel corso degli anni, anche a riflettere il cambiamento del paradigma della PCS e delle relative priorità, il settore dei servizi sociali e quello dei servizi economici sono diventati le maggiori aree d'intervento, a scapito del sostegno diretto ai settori produttivi e alle infrastrutture. Altre aree, la cui importanza è aumentata sensibilmente, sono quelle degli aiuti umanitari e degli interventi di condono del debito. L'accresciuta importanza degli interventi nei settori sociali e della *governance* ha anche comportato un aumento considerevole del ricorso all'assistenza tecnica.

Chi sono i donatori più generosi? Questa valutazione deve essere fatta tenendo in considerazione non solo la quantità di aiuti erogati da ciascun paese, ma anche, e soprattutto, il volume degli aiuti in proporzione al reddito del donatore, e la qualità di questi aiuti. Per qualità degli aiuti si intende soprattutto il rapporto tra doni e crediti di aiuto, il grado di concessionalità dei crediti, il grado di slegamento degli aiuti e la loro concentrazione nei paesi meno avanzati.

In termini di volume, i paesi del G7 sono, ovviamente, i principali donatori. Al primo posto si collocano gli Stati Uniti (24% del totale degli aiuti erogati dai paesi DAC), seguiti da Giappone (12%), Francia, Germania e Regno Unito (9-10%). L'Italia, con circa il 3,3% degli aiuti, si colloca all'ottavo posto. Nel corso degli ultimi vent'anni, il carico degli aiuti si è considerabilmente ridistribuito tra i paesi donatori, con una riduzione del peso degli Stati Uniti e l'emergere del Giappone (primo donatore per volume durante tutta la seconda metà degli anni Novanta) e dei paesi europei.

Quando valutata in proporzione al reddito nazionale, la classifica dei donatori cambia considerevolmente. I paesi nordici (Danimarca, Paesi Bassi, Norvegia e Svezia) hanno tutti superato, sin dal 1980, l'obiettivo fissato dall'ONU di APS pari allo 0,7% del PNL. Il Lussemburgo ha raggiunto questo obiettivo nel 2000, l'Irlanda si prefigge di farlo entro il 2007, il Regno Unito entro il 2010, la Germania entro il 2015. I paesi dell'UE si sono impegnati a raggiungere almeno lo 0,33% entro il 2006.

In termini di qualità degli aiuti, l'insieme dei donatori, seguendo le raccomandazioni del DAC, ha progressivamente ridotto l'ammontare di aiuto legato, concesso cioè dietro l'impegno del beneficiario ad usare le risorse per acquistare beni e servizi dal donatore. Si stima che lo slegamento degli aiuti, permettendo al paese beneficiario di mettere in competizione fornitori di beni e servizi diversi, consentirebbe una riduzione dei costi di acquisto (e quindi un aumento degli aiuti realmente trasferiti) compresa tra il 15 e il 30%. Per l'insieme dei paesi DAC, la percentuale di aiuti slegati è passata da 44% del 1980 a 90% nel 2004. Alcuni paesi, ad esempio Giappone, Irlanda e Svizzera hanno slegato oltre il 90% dei loro aiuti; altri sono stati meno decisi.

Il grado di concessionalità degli aiuti è un altro importante elemento, che concorre a determinarne l'efficacia. Nel 2004, per l'insieme dei paesi DAC, l'90,5% dell'APS è costituito da doni. A partire dalla fine degli anni Ottanta, alcuni donatori (in particolare i paesi nordici) hanno scelto di ridurre il peso dei prestiti ed erogare esclusivamente doni, temendo che il ripagamento degli interessi avrebbe ulteriormente aggravato una situazione già problematica in molti PVS. La tendenza alla riduzione del peso dei crediti di aiuto si è rafforzata e generalizzata verso la fine degli anni Novanta. Nel 2004, ben 15 dei 22 donatori membri del DAC erogavano almeno il 99% del loro aiuto sotto forma di doni. Solo il Giappone continua ad utilizzare questo strumento in maniera importante, distribuendo quasi il 50% dei suoi aiuti sotto forma di prestiti.

Vantaggi comparati? Quali attori sono in posizione migliore per effettuare la cooperazione allo sviluppo? Una critica ricorrente ai donatori bilaterali riguarda la proliferazione dei programmi di cooperazione e la molteplicità degli obiettivi perseguiti per mezzo della PCS, obiettivi talvolta incoerenti tra loro, o incoerenti rispetto ad altre politiche. Le modalità stesse di decisione ed erogazione degli aiuti bilaterali possono contribuire all'incoerenza della distribuzione. I critici osservano che, in molti casi, le allocazioni sono fatte principalmente in base a quelle dell'anno precedente e scegliendo paesi dove altri donatori sono già presenti. La ricerca del prestigio contribuisce alla frammentazione degli aiuti e alla moltiplicazione dei programmi, con implicazioni gravi sui costi di gestione e sulle risorse umane del paese recettore. Arnab Acharya e collaboratori hanno calcolato che nel 2002 in Vietnam – un paese rappresentativo della situazione tipica di molti altri recettori di aiuti – operavano 25 donatori bilaterali, 19 donatori multilaterali e circa 350 ONG internazionali, per un totale di oltre 8.000 progetti, uno ogni 9.000 abitanti. Nel suo rapporto annuale sullo sviluppo, la Banca mondiale ha registrato che, ad un certo momento, i donatori finanziavano in Mozambico 405 progetti facenti capo al solo ministero della Sanità. La proliferazione dei donatori e dei progetti impone ai funzionari dei paesi recettori di passare gran parte del loro tempo in riunioni con vari donatori, che spesso non si coordinano fra loro e adoperano procedure diverse. È stato stimato che i funzionari del governo della Tanzania ricevono oltre mille delegazioni di donatori ogni anno. In una simile situazione, l'incentivo per i governi dei paesi recettori a rifiutare quello che viene loro proposto, a prescindere dalla sua rilevanza e dai costi-opportunità, è molto basso. Questa mancanza di coordinazione, combinata alla pratica degli aiuti legati, riduce grandemente l'efficacia degli aiuti bilaterali.

Sono allora i donatori multilaterali migliori? Le istituzioni multilaterali hanno, in linea di principio, numerosi vantaggi rispetto ai donatori bilaterali. La distribuzione dei loro aiuti dovrebbe essere meno prona a considerazioni di politica estera. Inoltre, grazie alla gestione di risorse importanti e alla possibilità di coordinare fondi provenienti da molteplici fonti, esse possono conseguire notevoli economie di scala. Infine, l'impegno contemporaneo su un gran numero di temi e paesi, combinato con uno staff numeroso e competente, consente loro di conseguire sinergie e di accumulare conoscenze preziose sui molteplici aspetti dei processi di sviluppo. Un esempio in tal senso è il ruolo chiave giocato dalla Banca mondiale nella ricostruzione della Bosnia prima, e di Timor Est poi.

In effetti, gli aiuti multilaterali si dirigono prevalentemente verso i paesi a basso reddito e le analisi empiriche suggeriscono che i donatori multilaterali prestano maggiore attenzione ai reali bisogni dei recettori piuttosto che a considerazioni politico-strategiche.

Nonostante i loro vantaggi, i donatori multilaterali non sono però immuni da critiche. In primo luogo, restano comunque espressione dei governi più ricchi. Ad esempio, i Pvs sono poco influenti nel sistema di governo delle Istituzioni di Bretton Woods, dove ciascun paese ha un peso proporzionale al capitale apportato. Poi, anche i donatori multilaterali spesso tendono a funzionare come grandi burocrazie, non troppo dissimili da quelle bilaterali.

William Easterly ha coniato in proposito il termine di «cartello delle buone intenzioni» per designare il consesso dei donatori. Infine, nonostante il proclamato obiettivo di sconfiggere la povertà e distribuire aiuti ai paesi più bisognosi e più meritevoli (buone politiche, bassa corruzione, ecc.), anche la distribuzione degli aiuti multilaterali ha spesso risposto a considerazioni diverse, non dissimili da quelle dei donatori bilaterali.

Sono allora le ONG il miglior canale per attuare la PCS? I vantaggi delle ONG – provengano esse dal Nord o dal Sud del mondo – risiedono nella loro conoscenza del terreno, flessibilità, neutralità e indipendenza. Le ONG possono anche essere uno strumento importante per favorire il rafforzamento della società civile e della democrazia nei PVS. Come anticipato nel primo capitolo, durante gli anni Novanta molti donatori hanno abbracciato vigorosamente un nuovo approccio alla cooperazione, basato sulla partnership tra donatore, ONG del Nord e attori locali nel PVS, il cosiddetto approccio partecipativo (*community-driven*) allo sviluppo. L'ONG diventa strumento per la realizzazione dei progetti di cooperazione finanziati dal donatore, garantendo il coinvolgimento della società civile e degli attori locali.

Dopo l'iniziale entusiasmo per questo modello di cooperazione partecipativo e per il maggiore coinvolgimento delle ONG nella PCS, un numero crescente di osservatori ha cominciato a denunciarne i limiti e i rischi. Da un lato, le ONG del Nord rischiano di essere vittime del loro stesso successo. Il loro crescente coinvolgimento in progetti finanziati dai governi sta generando una crisi di identità e di credibilità. Il costante contatto con i donatori governativi mette infatti a rischio la loro indipendenza e neutralità. Le ONG, che realizzano progetti finanziati da un governo, spesso devono accettare condizioni accessorie imposte dal donatore. L'esempio più innocuo – non certo sul piano simbolico – è il caso di ONG che distribuiscono aiuti alimentari in confezioni recanti i simboli del governo che li finanzia. Certi donatori non fanno mistero della necessità per le ONG di agire nell'interesse del loro paese. Il problema della politicizzazione degli aiuti umanitari è divenuto di drammatica attualità durante l'intervento in soccorso delle popolazioni dell'Afghanistan e dell'Iraq. Membri civili disarmati di ONG umanitarie sono stati dichiarati «bersagli legittimi» da parte di terroristi, che li hanno attaccati e uccisi in quanto «collaboratori delle forze di invasione». Quarantaquattro volontari sono stati uccisi in Afghanistan tra il 2003 e il 2004. Cinque di questi erano affiliati a MSF che, per la prima volta nella sua storia, ha deciso di abbandonare il paese nell'agosto 2004. Le dichiarazioni rese nell'ottobre 2001 dall'allora segretario di Stato americano Colin Powell, secondo il quale le ONG americane operanti in Afghanistan sono «una parte importante del nostro *combat team*», non hanno certo contribuito a dissipare l'equivoco.

Se le ONG del Nord stanno vivendo una crisi di identità, quelle ben più giovani del Sud non godono necessariamente di migliore salute. Considerate come l'avanguardia della emergente società civile dei PVS, la soluzione per bypassare governi non democratici o corrotti e portare gli aiuti laddove questi possono fare davvero la differenza, in molti casi esse si sono rivelate organizzazioni non meno avide dei funzionari che avrebbero dovuto rimpiazzare. Jean-Marc Platteau, un fine conoscitore della realtà ONG, oltre che studioso di economia istituzionale, ha documentato numerosi casi di malversazione e effetti indesiderati del modello partecipativo. La vera natura di queste ONG non è sempre chiara. Nella loro brillante analisi della società africana, Patrick Chabal e Jean-Pascal Daloz mostrano come il moltiplicarsi di ONG indigene sia non tanto la dimostrazione di un'evoluzione e maggiore strutturazione della società civile africana, quanto una risposta opportunistica al desiderio dei donatori di incanalare una maggior parte di aiuti attraverso ONG. Platteau documenta casi in cui alcune ONG locali non sono altro che organizzazioni di facciata, create da potenti personaggi locali, o da personaggi precedentemente impiegati nel governo, per appropriarsi delle risorse erogate dai donatori. Gli aiuti, anziché finanziare progetti di sviluppo, finiscono per essere accaparrati da una *élite* locale (c.d. fenomeno di *élite capture*) e per rafforzare meccanismi perversi di clientelismo, quindi l'esito opposto al rafforzamento della società civile, che il donatore si era prefisso. Queste esperienze negative non devono essere considerate come rappresentazione dell'intero universo delle ONG, allo stesso modo in cui bisogna guardarsi dall'eccesso opposto. Numerosi sono i casi documentati in cui le ONG del Nord e del Sud sono riuscite a utilizzare gli aiuti in maniera efficace e hanno contribuito al rafforzamento della società civile, conducendo importanti battaglie per la difesa dei diritti civili, dell'ambiente e della libertà di opinione e di informazione. Che fare allora per migliorare l'efficacia e l'efficienza degli aiuti? La discussione è rimandata all'ultimo capitolo.

La cooperazione italiana

Evoluzione storica. L'Italia ha una lunga tradizione di cooperazione allo sviluppo attraverso le sue numerose organizzazioni di volontariato. Già nel 1933, con la creazione dell'Unione medico-missionaria italiana, nasce il primo organismo di volontariato internazionale italiano. L'aiuto pubblico allo sviluppo è, invece, un fenomeno relativamente recente, che arriva a piena maturazione solo negli anni Ottanta.

I decenni precedenti sono caratterizzati da un interesse limitato e saltuario della politica verso la cooperazione allo sviluppo, con conseguente mancanza di un quadro normativo complessivo e l'impiego di risorse esigue. Tutto questo nonostante l'esistenza nella società civile italiana di forti istanze solidaristiche. A partire dal 1980, si è assistito a una forte accelerazione della crescita dell'APS italiano che, in termini reali, aumenta del 165% tra il 1980 e il 1990, passando da meno del 2 a quasi l'8% del totale degli aiuti dei paesi DAC.

Pierangelo Isernia, autore di una dettagliata analisi della PCS italiana, individua quattro fasi principali nell'evoluzione degli ultimi cinquant'anni. La prima fase, che coincide grosso modo con gli anni Cinquanta e Sessanta, è caratterizzata come la fase della «non-politica», non tanto per l'assenza di concrete azioni di cooperazione (basti pensare all'amministrazione fiduciaria della Somalia per conto dell'ONU tra il 1950 e il 1960), quanto per l'estemporaneità di queste azioni, l'assenza di un disegno politico e normativo di fondo.

Gli anni Settanta segnano il primo passo verso la creazione di questo disegno, con l'attribuzione al MAE della responsabilità della cooperazione allo sviluppo (legge 1222/1971, *Cooperazione tecnica con i paesi in via di sviluppo*). Questo nuovo slancio riflette, da un lato, le crescenti pressioni internazionali ad aumentare e migliorare l'impegno dei paesi industrializzati verso i PVS, dall'altro, la pressione e le critiche delle organizzazioni del volontariato. In questi anni, l'azione italiana passa prevalentemente attraverso il canale multilaterale e si concentra sulla fornitura di assistenza tecnica, sul sostegno al bilancio dei PVS e sui programmi di cooperazione con alcune università africane. Manca ancora, però, una visione e una gestione unitaria dei vari provvedimenti.

Con la legge 38/1979 si apre una nuova fase, caratterizzata da una maggiore presa di coscienza da parte della classe politica e dell'opinione pubblica circa i problemi del sottosviluppo (in particolare grazie alle campagne contro lo sterminio per fame nel mondo, promosse in Italia dal Partito radicale). A livello istituzionale si assiste alla razionalizzazione delle strutture operative, con la creazione del Dipartimento per la cooperazione in seno al MAE, e l'esplicita connessione della politica di cooperazione alla politica estera. In termini di strumenti, la cooperazione italiana, anche alla luce delle esperienze degli altri membri del DAC, si estende al di là della mera assistenza tecnica. Per la prima volta, si parla di cooperazione allo sviluppo definita come l'insieme delle iniziative pubbliche e private tese a favorire il progresso economico, sociale, tecnico e culturale dei PVS. Al contempo, il ruolo del volontariato viene stabilmente riconosciuto e valorizzato. Nonostante queste innovazioni organizzative, le risorse stanziate per la cooperazione restano inadeguate, causando ritardi di attuazione e problemi di funzionamento propri del nuovo impianto legislativo.

Nella prima metà degli anni Ottanta, sulla scia della campagna contro la morte per fame nel mondo e della necessità di intervenire in paesi in situazione di emergenza, varie proposte di legge vengono dibattute in Parlamento con l'obiettivo di aumentare gli stanziamenti, rispettare gli impegni presi dall'Italia (ad esempio di aumentare l'Aps per raggiungere la media dei paesi Dac dello 0,34% del Pnl) e riformare i meccanismi per l'esborso dei fondi. Queste proposte porteranno alla legge 73/1985 che attribuisce poteri straordinari a un sottosegretario per gli Affari esteri, cui fa capo il nuovo Fondo aiuti italiani (Fai). Il Fai è dotato di risorse importanti, con l'obiettivo di spenderle in un periodo limitato e su un nucleo di paesi caratterizzati da emergenza endemica.

Nel 1987, alla scadenza della legge 73/1985, il Parlamento approva quasi all'unanimità la *Nuova disciplina della cooperazione dell'Italia con i paesi in via di sviluppo* (legge 49), che tutt'oggi costituisce l'impianto normativo della cooperazione italiana. Oltre ad ampliare la nozione di cooperazione, includendovi obiettivi sociali, politici ed umanitari, la legge 49/1987 ricompatta la gestione della cooperazione attorno al Mae, nella Dgcs, e al ministero del Tesoro, che si spartiscono i fondi destinati alla cooperazione. Il Tesoro è titolare del «Fondo rotativo dei crediti di aiuto», mentre la Dgcs gestisce con autonomia contabile e amministrativa il «Fondo speciale per la cooperazione allo sviluppo». Per quanto riguarda i fondi multilaterali e le partecipazioni al capitale di banche e fondi internazionali, essi sono gestiti dal Tesoro (il Mae ne cura gli aspetti politici), mentre i contributi volontari a organismi internazionali sono di competenza del Mae. La Dgcs, che include sia personale diplomatico che esperti di altre amministrazioni, riassorbe la gestione degli interventi nel settore dell'emergenza, in precedenza attribuita al Fai, e viene dotata di ampie competenze. Il Comitato direzionale, già istituito dalle precedenti leggi per assicurare il coordinamento delle attività di cooperazione con il resto delle attività del MAE, viene dotato di nuovi poteri gestionali.

Linee direttrici e principali aree di intervento della politica italiana. Come statuito nella legge 49 e ribadito nella *Relazione previsionale e programmatica sull'attività di cooperazione allo sviluppo* resa al Parlamento, la cooperazione allo sviluppo dell'Italia è una componente della sua politica estera, che si realizza sia sul piano bilaterale, sia su quello multilaterale. Le finalità che il governo intende perseguire sono di natura politica («gli aiuti mirano a rafforzare la stabilità dei PVS, la cui situazione incide più direttamente sulla sicurezza dell'Italia»), economica («gli aiuti mirano a sostenere le riforme economiche e istituzionali che i governi dei PVS adottano per risanare le loro economie. [...] Obiettivo centrale della cooperazione italiana è la lotta alla povertà») e umanitaria («L'Italia partecipa alle azioni di aiuto umanitario organizzate dalla comunità internazionale di fronte alle grandi emergenze causate da conflitti civili e interetnici [...], nonché dalle catastrofi naturali»). Le linee direttrici sono state successivamente arricchite dalla riflessione interna e in sede DAC, che ancora però non si è tradotta in una nuova legislazione. Come statuito sul sito internet del MAE,

> la cooperazione allo sviluppo si fonda su due basi prioritarie. La prima è l'esigenza solidaristica di garantire a tutti gli abitanti del pianeta la tutela della vita e della dignità umana. La seconda vede nella cooperazione il metodo per instaurare, migliorare e consolidare l'interdipendenza economica globale che, mediante l'allargamento dei mercati ed il miglioramento della circolazione dei fattori produttivi, assicurerà la crescita economica a tutti i popoli. La politica italiana di cooperazione allo sviluppo si propone il perseguimento di questi obiettivi unitamente alla diplomazia economica, culturale e di sicurezza, consolidando il ruolo e l'immagine del nostro paese nel mondo.

A differenza di altri paesi membri del DAC, e nonostante progetti in tal senso contenuti già in sede di discussione della legge 47, l'Italia non dispone di un'agenzia per la cooperazione allo sviluppo. Questa è appannaggio della DGCS, che tuttavia controlla solo una parte delle risorse destinate alla cooperazione. Complessivamente, il MAE gestisce il 27% delle risorse; il ministero dell'Economia e delle finanze (MEF) controlla il 18%. Circa il 51% è cogestito da MAE e MEF. Il resto si distribuisce fra vari altri ministeri ed enti locali.

Come accennato in precedenza, nel 2004 l'Italia ha erogato in termini reali 1.981 miliardi di euro (2.177 miliardi di dollari) di APS, il 10,5% in meno del 2003, passando dallo 0,17 allo 0,15% del PNL. Nel corso degli ultimi anni, l'andamento dell'APS è stato altalenante e pro-ciclico. Gli aiuti sono aumentati in anni di crescita economica generalizzata, o in concomitanza di iniziative politiche di rilievo internazionale, generalmente decise in sede di G7/G8 (ad esempio la campagna per la cancellazione del debito, o la creazione del Fondo globale per la lotta all'AIDS, malaria e tubercolosi). Come sottolineato dal DAC nel recente periodico esame (*peer review*) della nostra cooperazione, questo andamento è indice di una tendenza più a rispondere ad emergenze umanitarie, o politiche, che ad un impegno di lungo periodo.

Il nostro paese eroga aiuti prevalentemente attraverso il canale multilaterale, che ha assorbito nel 2004 il 79% del totale (65% nel 2000), ben al di sopra della media DAC (circa 30%). Queste risorse sono state conferite principalmente alla Commissione europea (70%) e alle varie agenzie dell'ONU (8%). La preferenza per il multilaterale, da un lato, riflette la necessità di rispettare impegni presi in sede internazionale e la volontà di mantenere un profilo internazionale di sostegno al multilateralismo; dall'altro consente minori costi di gestione. Il canale bilaterale è gestito dalla Unità tecnica centrale (UTC) in seno alla DGCS e rappresenta circa il 60% dei fondi gestiti dal MAE. In molti casi, l'aiuto bilaterale viene erogato in forma multibilaterale, anche a causa delle limitate risorse umane e tecniche. Le Unità tecniche locali (UTL), responsabili dell'esecuzione dei progetti di cooperazione bilaterale, sono presenti solo in venti paesi. I principali beneficiari sono i paesi dell'Africa subsahariana (72% del totale Aps bilaterale) e del Nord Africa (9%). Tranne alcune eccezioni, la lista dei paesi prioritari è cambiata considerevolmente nel corso degli anni, con variazioni determinate largamente da risposte a crisi umanitarie o a situazioni di post-conflitto, anche se è rimasta abbastanza costante la concentrazione degli aiuti nei paesi africani.

L'Italia è uno dei donatori che ha imboccato con maggiore decisione la strada della cancellazione del debito. Nel 2002 sono stati cancellati 985 milioni di dollari di debito a Pvs classificati come paesi meno avanzati, cui si devono aggiungere 548 milioni di debito convertito in progetti di cooperazione. Nello stesso anno, l'Italia ha cancellato la totalità dei suoi crediti verso l'Uganda. Nel marzo 2005, il debito indonesiano, per un valore di 31 milioni di dollari, è stato riconvertito in aiuti allo sviluppo per sostenere la ricostruzione delle aree colpite dal maremoto (*tsunami*) del dicembre 2004. Se si escludono le azioni di cancellazione del debito, il rapporto Aps/Pnl nel 2002 sarebbe stato solo dello 0,14%. La cancellazione del debito, per quanto importante, non può essere una strategia di cooperazione duratura. Per sua stessa natura, essa è destinata ad estinguersi nel corso di qualche anno. La sfida nei prossimi anni sarà, quindi, quella di aumentare considerevolmente l'Aps con risorse finanziarie aggiuntive (sostanzialmente raddoppiando il livello attuale) per raggiungere nel 2006 e negli anni successivi l'obiettivo dello 0,33% annunciato dal governo nel Consiglio Ue di Barcellona del 2002 e ribadito nella Conferenza delle Nazioni Unite di Monterrey dello stesso anno.

Gli altri attori della cooperazione italiana. Una peculiarità italiana è la presenza significativa di regioni, province e comuni nella promozione e realizzazione di iniziative e progetti di cooperazione allo sviluppo. Un numero elevato di regioni ha adottato regolamentazioni proprie relative alla cooperazione allo sviluppo.

Gli aiuti erogati attraverso la cooperazione decentrata non sono però particolarmente elevati, soprattutto quando comparati all'esperienza di altri paesi europei, quali Spagna e Germania, caratterizzati da una più pronunciata autonomia regionale. Si stima che gli enti locali finanzino fra l'1 e il 2% dell'Aps italiano (16 milioni di dollari nel 2002, 27 nel 2003), in genere concentrandosi su progetti legati all'immigrazione.

Il coinvolgimento degli enti locali va però al di là del mero contributo finanziario e si concretizza in un impegno nella promozione dei processi di sviluppo locale, di democratizzazione e di rafforzamento istituzionale nei Pvs attraverso, ad esempio, partenariati tra città o regioni. La cooperazione decentrata si pone dunque ad un livello intermedio fra la cooperazione tra governi e quella non governativa, caratteristica che le conferisce un particolare valore aggiunto. Alla stregua della cooperazione non governativa, la cooperazione decentrata interviene direttamente a livello delle comunità locali nei Pvs; al contempo, è legittimata dal sostegno della cittadinanza che rappresenta e porta con sé un patrimonio unico di esperienza nella gestione dell'amministrazione pubblica, che le consente di contribuire concretamente alla buona realizzazione dei processi di decentramento amministrativo e politico nei Pvs.

La continua crescita della cooperazione decentrata ha portato all'adozione di un documento di indirizzo, nell'anno 2000, da parte del Comitato direzionale per la cooperazione allo sviluppo («Linee di indirizzo e modalità di attuazione della collaborazione della Dgcs con le regioni e gli enti locali») e a una collaborazione con l'Anci, finalizzata a valorizzare la cooperazione decentrata promossa dai comuni italiani.

Attività delle Ong italiane. La legge 49/1987 stabilisce che le Ong italiane, attive nella cooperazione internazionale allo sviluppo, possano ottenere un riconoscimento di idoneità, che consente loro di ottenere contributi per lo svolgimento di attività di cooperazione da loro promosse, in misura non superiore al 70% dell'importo delle iniziative programmate. Nel 2004, le ONG riconosciute come idonee sono 174 (l'elenco è disponibile sul sito www.esteri.it). La legge prevede altresì che queste ONG possano realizzare programmi di cooperazione finanziati integralmente dalla DGCS. Le ONG idonee possono anche realizzare attività di informazione sulle problematiche dello sviluppo e della cooperazione, o di educazione allo sviluppo. Queste ultime consistono in programmi in ambito scolastico ed extrascolastico, tesi alla sensibilizzazione e alla formazione ed aggiornamento di formatori nel settore della cooperazione.

La cooperazione della Commissione europea

La Commissione europea (CE) ha una propria PCS, che coesiste coi programmi di cooperazione bilaterali dei paesi membri dell'UE ed è, pertanto, da considerarsi come un donatore multilaterale. Nel 2004, la CE ha erogato l'11% del totale degli aiuti dei paesi DAC, posizionandosi come terzo donatore assoluto (dopo Stati Uniti e Giappone) e primo dei donatori multilaterali, davanti alla Banca mondiale. La CE è, inoltre, il primo donatore in termini di aiuti umanitari, pari a oltre 513 milioni di euro, erogati attraverso lo European commission humanitarian aid office (ECHO). Sommando gli aiuti dei paesi membri e della CE, l'UE eroga 51,6 miliardi di dollari di aiuti, pari a quasi due terzi degli aiuti totali DAC.

Con l'adozione del Trattato istitutivo dell'Unione europea, la PCS diviene parte integrante della politica estera e di sicurezza comunitaria. Il Trattato consolidato di Amsterdam stabilisce, al Titolo XX, art. 177, che la cooperazione deve promuovere, soprattutto nei paesi più poveri, lo sviluppo economico e sociale, l'integrazione nell'economia mondiale, la lotta contro la povertà, il rispetto dei diritti umani e delle libertà fondamentali, la promozione della democrazia e dello stato di diritto. La PCS comunitaria deve rispettare i principi di coordinazione, complementarietà, coerenza e consistenza rispetto ad altre politiche e alle politiche dei paesi membri.

La Pcs comunitaria si fonda su due strumenti principali, gestiti dalla Commissione: l'erogazione di aiuti e la concessione di un accesso privilegiato al mercato comune per le esportazioni dei Pvs. Il finanziamento dei programmi di cooperazione proviene, oltre che dal bilancio proprio della Commissione, dal Fondo europeo di sviluppo (Fes), un fondo pluriennale cui ciascun paese membro è tenuto a contribuire in misura proporzionale al suo reddito nazionale, e dalla Banca europea degli investimenti (Bei). Il Fes è il principale strumento di finanziamento della cooperazione con il gruppo delle ex colonie, legate all'Ue dalla Convenzione di Lomé. L'inclusione del Fes nel bilancio della Commissione europea, che è stata più volte proposta dalla Commissione stessa per garantire una gestione unitaria e omogenea della cooperazione, potrebbe finalmente realizzarsi alla scadenza dell'attuale Fes nel 2007.

Evoluzione della Pcs europea. La Pcs comunitaria è nata nel 1957, contestualmente al Trattato di Roma, che, agli artt. 131-136, stabiliva la creazione del «sistema associativo» tra i sei paesi fondatori e le colonie o territori sui quali alcuni di questi esercitano un mandato delle Nazioni Unite (come il caso dell'Italia nei confronti della Somalia). Questo sistema si prefiggeva di rafforzare le relazioni commerciali fra la comunità e questi paesi per promuoverne lo sviluppo economico e sociale. Una prima riforma del sistema si rese necessaria a seguito del processo di decolonizzazione e della conseguente creazione di nuovi stati indipendenti. Questi stati, benché non più obbligati a fare parte del sistema associativo, desideravano poter continuare a beneficiare degli aiuti europei e dell'accesso privilegiato a questo mercato. Il nuovo sistema, incentrato su assistenza finanziaria e accordi commerciali, venne creato nel 1963 con la Convenzione di Yaoundé, cui ciascun paese è libero di aderire su basi negoziate. La Convenzione fu estesa a Lomé, nel 1974, per includere le ex colonie britanniche, coprendo così 46 paesi di Africa, Caraibi e Pacifico (Acp).

Grazie a questa Convenzione, larga parte della Pcs comunitaria ha un fondamento contrattuale, in virtù del quale le condizioni privilegiate garantite ai paesi Acp sono negoziate tra le due parti e non possono essere modificate unilateralmente. Inoltre, queste condizioni, soprattutto l'accesso preferenziale al mercato europeo, sono *stabili* (valide cioè per periodi predeterminati) e *non reciproche* (i paesi Acp non sono tenuti a garantire lo stesso trattamento preferenziale alle esportazioni dei paesi europei). Infine, apposite istituzioni congiunte, composte da rappresentanti della Ce e dei paesi Acp, sono state create per garantirne il rispetto.

La Convenzione di Lomé è stata rinegoziata quattro volte fino al giugno 2000, quando è stata sostituita da un nuovo accordo di partenariato tra 79 paesi Acp, la Ce e i suoi Stati membri. Il nuovo accordo, siglato a Cotonou, rappresenta un quadro di riferimento ventennale per la cooperazione ed il dialogo politico tra Ue e paesi Acp. L'accordo si prefigge, attraverso un rafforzato partenariato economico e politico, di sradicare la povertà nei paesi Acp, favorendo la loro progressiva integrazione nell'economia mondiale e contribuendo al loro sviluppo duraturo e sostenibile. Il rispetto dei diritti umani, dei principi democratici e del buon governo è considerato elemento fondamentale del partenariato. La Ce è tenuta a concludere accordi di partenariato economico (Economic partnership agreements, Epa) bilaterali con i paesi Acp, raggruppati su base regionale. Questi accordi coprono tematiche più ampie degli aiuti e del commercio, quali ad esempio la politica di investimento. I negoziati sono iniziati nel 2002 e dovrebbero dare luogo ai primi accordi nel 2008.

La Pcs comunitaria non si esaurisce ai paesi Acp. Nel corso degli anni, la Commissione ha ampliato considerevolmente il suo raggio di azione e moltiplicato i propri programmi di aiuto, soprattutto per fare fronte alle mutate condizioni geopolitiche nelle regioni limitrofe. Da un lato, la caduta del Muro di Berlino e le prospettive di allargamento dell'UE a Est hanno spinto alla creazione di programmi per il rafforzamento istituzionale e il supporto alle riforme economiche in questi paesi (in particolare i programmi PHARE, ISPA e SAPARD); dall'altro, la dissoluzione della ex Jugoslavia e i conflitti nei Balcani hanno imposto la necessità di finanziare interventi umanitari e di ricostruzione prima, e programmi di supporto alla trasformazione economica, alla protezione dei diritti umani e al rafforzamento istituzionale poi (programma CARDS). Con i paesi del Mediterraneo, l'UE ha lanciato un partenariato euro-mediterraneo (iniziato con la Conferenza di Barcellona del 1995), che si prefigge di rafforzare i legami politici, economici e sociali tra le due regioni per favorire la stabilità e lo sviluppo.

Riforma della PCS comunitaria. Nonostante il costante richiamo nei documenti ufficiali ai principi di coordinazione, complementarietà, coerenza e consistenza, la PCS comunitaria è stata oggetto di numerose critiche, proprio per l'eccessiva frammentazione dei programmi e per la mancanza di coordinazione tra le varie, numerose istituzioni responsabili di progettazione, finanziamento, realizzazione e valutazione dei programmi di cooperazione. Un radicale processo di razionalizzazione è stato dunque lanciato, a seguito di una profonda riflessione iniziata con il *Libro bianco sulla riforma della Commissione del 2000* (*White paper on reforming the Commission*) e la *Comunicazione sulla PCS* (*The European community's development policy*).

Questo processo prevede un maggiore trasferimento di responsabilità alle delegazioni della CE nei paesi beneficiari, una riduzione e razionalizzazione dei programmi di cooperazione e una ridistribuzione delle competenze tra le varie istituzioni comunitarie. In particolare, con la creazione nel gennaio 2001 dell'Ufficio di cooperazione EuropAid, facente capo alla Direzione generale (DG) relazioni esterne, sono state riunite sotto un'unica responsabilità tutte le varie fasi del ciclo del progetto (individuazione e prima valutazione di progetti e programmi, preparazione delle decisioni finanziarie, attuazione, controllo e valutazioni intermedie e finali di progetti e programmi). Le DG relazioni esterne e DG sviluppo sottomettono alla Commissione i propri programmi per ottenerne l'approvazione. EuropeAid è poi responsabile per garantirne la realizzazione degli obiettivi.

I vari programmi di supporto ai paesi non membri della UE sono stati riorganizzati in sei aree geografiche (paesi ACP, Europa sudorientale, Europa orientale e Asia centrale, paesi del Mediterraneo, del Vicino e del Medio Oriente, Asia e America Latina) e sette aree tematiche (democrazia e diritti umani, aiuti alimentari, co-finanziamento con ONG, questioni di genere, ambiente, sanità e mine antiuomo). EuropeAid non si occupa dei paesi interessati dal processo di allargamento dell'UE. La ripartizione geografica potrebbe presto essere ulteriormente razionalizzata a seguito del processo di allargamento dell'UE e dell'adozione della nuova Politica europea di vicinato (European neighbourhood policy). La riforma ha fatto un ulteriore passo in avanti con la decisione della CE (settembre 2004) di sostituire i molteplici strumenti di cooperazione esterna esistenti con solo sei strumenti: assistenza ai paesi in fase di accesso all'UE; politica europea di vicinato; politica di cooperazione economica e allo sviluppo; politica di stabilità; assistenza umanitaria; assistenza macroeconomica.

Nel dicembre 2005 è stato adottato un nuovo documento strategico di indirizzo.

3. *Il nuovo paradigma dello sviluppo*

La cooperazione nel dopo-guerra fredda: verso un nuovo paradigma

Alla metà degli anni Novanta, con la fine della guerra fredda e l'emergere di una nuova attenzione ai problemi della globalizzazione e dello sviluppo, inizia ad affermarsi un nuovo paradigma nel dibattito internazionale tra i paesi donatori, le istituzioni multilaterali e i Pvs. Da un lato, il crollo del Muro di Berlino ha ridotto le pressioni per una gestione degli aiuti dettata principalmente da ragioni di carattere politico-strategico; dall'altro, il persistente divario economico tra paesi industrializzati e paesi meno avanzati spinge i donatori e la comunità internazionale a compiere una riflessione critica sulle politiche di sviluppo seguite negli anni Ottanta e tendenti a privilegiare la dimensione dell'aggiustamento strutturale, del risanamento economico e dell'instaurazione di regole e meccanismi di mercato nelle economie dei Pvs.

Come si ricorderà dal primo capitolo, nel dibattito sullo sviluppo vi è sempre stata un'oscillazione di accento tra l'obiettivo della crescita e quello della ridistribuzione e della lotta contro la povertà. Già negli anni Settanta, la Banca mondiale aveva posto al centro della sua agenda politica gli obiettivi dell'occupazione e della riduzione della povertà. Negli anni Novanta, tuttavia, si delinea un nuovo approccio, ispirato agli studi del premio Nobel indiano Amartya Sen e approfondito nel dibattito svoltosi in particolare in seno all'Onu, che punta a finalizzare gli aiuti all'obiettivo dello sradicamento della povertà, intesa in un'accezione ampia ed inclusiva non solo degli aspetti strettamente economici ma anche di istruzione, diritti umani, ambiente, uso delle risorse e capacità degli individui di vivere una vita dignitosa.

In questo periodo, si avvia anche una riflessione sui rischi e le opportunità che la globalizzazione dell'economia, vale a dire la crescente interconnessione dei mercati, e l'emergere della società dell'informazione creano per i paesi più poveri. Di fronte a un rischio crescente di marginalizzazione, la comunità internazionale si interroga sulle condizioni necessarie affinché la globalizzazione sia «inclusiva», permetta cioè a questi paesi di parteciparvi attivamente e trarne i maggiori benefici possibili. In seno alle Nazioni Unite, si avvia un nuovo dibattito sulle prospettive economiche e sociali del pianeta attraverso numerosi eventi internazionali, dalla Conferenza di Pechino sulla condizione delle donne, a quella di Copenaghen sullo sviluppo sociale, svoltesi nel 1995, fino alla Dichiarazione del millennio approvata dall'Assemblea generale delle Nazioni Unite nel 2000.

In questi anni, si assiste ad un'accelerazione della globalizzazione, in seguito al superamento della divisione del mondo in due blocchi, alla conclusione di negoziati multilaterali, che riducono le barriere al commercio internazionale, e all'affermarsi delle imprese multinazionali. Un volume di questa stessa collana di Federico Bonaglia e Andrea Goldstein ha cercato di chiarire i complicati nessi tra globalizzazione e sviluppo. Da un lato, la maggiore mobilità di beni, servizi, capitali e lavoratori, nonché la facilità di accesso all'informazione, aprono enormi opportunità potenziali di sviluppo per i Pvs; d'altra parte, questi paesi possono realizzare queste opportunità solo se dotati di capacità e istituzioni adeguate, e se i paesi industrializzati contribuiscono a creare un quadro internazionale favorevole. La globalizzazione pone pertanto i donatori dinanzi alla necessità di ripensare la Pcs nel quadro di un sistema interconnesso, in cui tenere presenti le politiche commerciali, migratorie, tecnologiche, e valutare il loro effetto combinato sullo sviluppo sostenibile dei paesi partner.

I benefici della globalizzazione non si estendono ancora a tutti i paesi e a tutti gli strati sociali. In alcune parti del mondo, in particolare nell'Africa subsahariana e nei paesi più poveri dell'America Latina e dell'Asia, cresce il divario economico con i paesi industrializzati e si accresce il livello di povertà. D'altra parte, il bilancio complessivo dello sviluppo negli ultimi decenni indica progressi notevoli in alcuni grandi paesi (cfr. tabb. 1 e 2), ma anche una grande disparità di risultati economici e sociali in paesi che negli anni Sessanta si trovavano all'incirca nella stessa situazione.

Proprio la diversità degli esiti delle politiche di sviluppo attuate negli anni precedenti apre la strada a una riflessione critica e autocritica sulle strategie per lo sviluppo. In particolare, si inizia a mettere in discussione il paradigma degli anni Ottanta, il Consenso di Washington cui abbiamo già accennato nel primo capitolo. Il Consenso si basa su una visione neoliberale dello sviluppo, che individua le cause dell'arretratezza non in caratteristiche proprie delle economie e società dei Pvs, bensì nell'eccessivo intervento statale nell'economia e nell'adozione di politiche economiche non rigorose. Questo intervento ostacolerebbe il corretto funzionamento dei mercati e l'allocazione efficiente delle risorse, riducendo la crescita del reddito. Da qui l'enfasi posta sulla necessità per i Pvs di adottare politiche di aggiustamento strutturale (liberalizzazione e privatizzazione) quale condizione decisiva per la crescita e lo sviluppo.

L'economista John Williamson riassume così i principi ispiratori delle politiche di aggiustamento strutturale promosse dalle Istituzioni di Bretton Woods negli anni Ottanta: disciplina fiscale, preferenza per riduzioni di spesa pubblica piuttosto che aumenti della tassazione, determinazione da parte del mercato dei tassi di interesse e dei tassi di cambio, liberalizzazione commerciale, apertura agli investimenti diretti esteri, politiche di privatizzazione delle imprese pubbliche, *deregulation* e promozione della concorrenza, maggiore protezione dei diritti di proprietà.

Queste politiche, che sono alla base dei programmi di aggiustamento strutturale, erano motivate anche dall'esigenza di stabilizzare economie che negli anni Settanta, in seguito all'alternarsi di shock petroliferi e a causa della volatilità del prezzo delle materie prime, e grazie anche alla accresciuta mobilità dei flussi di capitale, si erano fortemente indebitate verso grandi banche occidentali. Alla fine del decennio, con il forte aumento dei tassi di interesse (legato alla politica antinflazionistica della Banca centrale americana) e con l'abbandono dei tassi di cambio fissi, questi paesi si trovavano sull'orlo del collasso.

Lo stesso Williamson, pur riconoscendo la desiderabilità teorica di queste politiche, indica i rischi di una applicazione automatica e indifferenziata di tali principi senza tener conto della diversità delle situazioni esistenti nei Pvs, riferendosi in particolare a quelli dell'America Latina.

Dal punto di vista teorico, il maggior sostenitore dell'esigenza di un cambiamento concettuale nelle politiche per lo sviluppo è il premio Nobel per l'Economia Joseph Stiglitz. Diventato economista capo e vicepresidente della Banca mondiale nel 1997 (fino al 2000), prospetta la necessità di andare oltre il Consenso di Washington. A suo avviso, privatizzazioni e liberalizzazioni non dovrebbero essere considerate come obiettivi ultimi, ma piuttosto come strumenti per perseguire una crescita economica sostenibile, equilibrata e capace di rafforzare i processi democratici. Pur riconoscendo l'importanza di sane politiche macroeconomiche, Stiglitz sostiene che l'obiettivo centrale delle politiche per lo sviluppo non dovrebbe essere la stabilità finanziaria per sé, quanto la crescita accompagnata da una coesione sociale.

Nella sua prospettiva, definita «Post Washington Consensus», il nuovo paradigma dello sviluppo si differenzia tanto dalle visioni stataliste, maturate nei paesi una volta appartenenti al blocco comunista, quanto da una visione incentrata esclusivamente sul mercato e da una concezione meramente quantitativa dello sviluppo, la quale non include gli aspetti della coesione e della partecipazione e sottovaluta il ruolo dei diversi attori, che devono essere coinvolti nello sviluppo: lo Stato, le istituzioni decentrate, la società civile, il settore privato.

Un nuovo ruolo dunque dello Stato, non tanto nella funzione di gestore di imprese economiche, quanto nella definizione di strategie per la riduzione della povertà, nell'individuazione in tale ambito di obiettivi e priorità, e nella promozione di un processo partecipativo ampio per la realizzazione di tali strategie. Attorno a queste strategie, deve costruirsi un vero e proprio partenariato tra governi, istituzioni locali, società civile dei paesi meno avanzati e la comunità dei donatori.

Nella nuova visione dello sviluppo prevale l'accento sul miglioramento dell'insieme delle condizioni di vita delle popolazioni più povere, piuttosto che il semplice aumento del reddito *pro capite*. Si privilegia un approccio inclusivo, che consenta a tutti i gruppi sociali di accedere ai benefici della crescita economica. Una posizione di primo piano viene quindi attribuita ai settori sociali, il cui rafforzamento è indispensabile per la riduzione della povertà e lo sviluppo del «capitale sociale», vale dire il patrimonio costituito dalla comunità, dalle risorse umane e dal tessuto sociale che la animano. Le esperienze di sviluppo dei paesi industrializzati, e più recentemente dei paesi asiatici, mostrano infatti l'importanza della promozione del capitale umano e sociale ai fini della crescita economica, e del benessere in senso lato.

Se le politiche di aggiustamento strutturale degli anni Ottanta hanno avuto il merito di avviare una trasformazione in favore dell'economia di mercato di paesi nei quali vi era una presenza eccessiva, in alcuni casi monopolistica, dello Stato, alcuni effetti di tali politiche hanno determinato difficoltà nei settori sociali più vulnerabili. L'applicazione di una rigida disciplina fiscale e di drastiche misure di liberalizzazione ha comportato, in molti casi, una contrazione di risorse disponibili per servizi di base. Soprattutto è stata evidenziata la difficoltà di realizzare politiche e riforme che sono fortemente ispirate dall'esterno, di cui non è valutata pienamente la sostenibilità sul piano sociale, senza una effettiva appropriazione da parte dei governi, e una determinazione delle forze sociali e politiche locali a sostenerle e attuarle. Un altro limite viene indicato nella eccessiva fede verso le virtù del mercato a promuovere l'efficienza della produzione, senza una adeguata attenzione alle condizioni di partenza peculiari dei vari paesi (ad esempio in termini di infrastrutture produttive). Ad esempio, in una valutazione dell'impatto sociale delle politiche di aggiustamento strutturale, svolta nel 1999 dall'agenzia svedese di cooperazione allo sviluppo (SIDA), emerge che anche nel settore agricolo l'enfasi sulla deregolamentazione dei prezzi non è stata sufficiente ad aumentare l'efficienza e a rilanciare un settore nel quale vengono richiesti investimenti pubblici, per lo sviluppo tecnologico e l'innovazione.

Gli ingredienti essenziali del nuovo paradigma sono quindi riassumibili nell'integrazione di politiche macroeconomiche virtuose con la priorità della riduzione della povertà come obiettivo ultimo delle politiche di sviluppo. I paesi interessati devono essere responsabili dell'elaborazione di tali politiche, in un nuovo rapporto di partenariato con i paesi industrializzati. Perché questo sia possibile, date le difficoltà spesso presenti in alcuni di questi paesi, è necessario un rafforzamento delle capacità istituzionali locali, da cui una maggiore enfasi sui programmi di assistenza tecnica. Affinché le strategie di sviluppo (e le riforme ad esse associate) possano effettivamente beneficiare l'intera popolazione e, al contempo, ottenere un supporto adeguato, è necessario assicurare un'ampia partecipazione delle diverse componenti sociali alla loro elaborazione. L'efficacia di tali strategie ad intaccare la povertà e a creare le condizioni per uno sviluppo sostenibile dipende in maniera cruciale dall'investimento in servizi di base essenziali, per la promozione del capitale umano, e dal rafforzamento del settore produttivo, fonte di impiego e motore della crescita economica. Per questo motivo, esse dovrebbero prestare particolare attenzione alle politiche educative, sanitarie e di sostegno alle imprese, soprattutto quelle piccole e medie.

Come accennato nel primo capitolo, il ruolo delle istituzioni e dei governi assume sempre più rilevanza nella riflessione dei donatori. L'esperienza dei paesi che sono riusciti a svilupparsi, in Asia e altrove, insegna che un mercato funzionante è una condizione ineludibile dello sviluppo, ma che uno Stato e un sistema istituzionale efficienti sono altrettanti requisiti fondamentali. Numerose analisi economiche, sia quantitative che qualitative, sottolineano l'importanza del fattore istituzionale nello spiegare le cause della differenza di crescita, di reddito e di investimenti tra le nazioni. La globalizzazione sembra accentuare l'esigenza di un rafforzamento delle istituzioni pubbliche nei Pvs, chiamate a compiere scelte strategiche, ricomporre conflitti tra interessi divergenti e risolvere problemi di coordinamento.

Governi deboli o inefficaci, con problemi di corruzione, incapaci di fornire infrastrutture adeguate e di snellire le procedure amministrative non riescono a stimolare gli investimenti locali, né ad attrarre gli investimenti esteri necessari per la crescita economica. Come pure governi che non siano in grado di prevenire conflitti, o di far rispettare lo stato di diritto, rendono vani gli sforzi per la crescita e lo sviluppo. Dei 40 paesi più poveri, 24 sono colpiti da conflitti e in Africa circa il 20% della popolazione vive in situazione di conflitto.

La globalizzazione, inoltre, accentua l'esigenza di un approccio globale nelle strategie per lo sviluppo. Si accresce l'interdipendenza tra politiche nazionali e politiche internazionali, mentre le politiche realizzate in un determinato settore, in mercati interconnessi, hanno incidenza in altri settori. La politica per lo sviluppo non può quindi più essere concepita soltanto come trasferimento di risorse dal Nord al Sud, ma implica una coerenza delle politiche tanto dei paesi industrializzati che dei Pvs. A questi ultimi si richiede un miglioramento della *governance*, della trasparenza, il coinvolgimento di tutte le componenti sociali e un'assunzione della lotta contro la povertà come principale obiettivo dello sviluppo. I paesi industrializzati sono chiamati ad assumersi responsabilità, non soltanto per un aumento delle risorse disponibili per lo sviluppo, ma anche per politiche, in campo commerciale e migratorio, coerenti con l'obiettivo della crescita dei paesi meno avanzati.

In tale nuova prospettiva, si cerca di allineare progressivamente il punto di vista dei paesi donatori e di quelli beneficiari dell'aiuto, superando un uso eccessivo delle condizionalità e privilegiando un approccio settoriale nei programmi di cooperazione.

La crescita della popolazione mondiale e il degrado ambientale impongono il tema dello sviluppo sostenibile al cuore del dibattito internazionale sulla cooperazione allo sviluppo. Sulla base dell'attuale andamento demografico è previsto un aumento nei prossimi 25 anni di 2 miliardi di abitanti sulla terra, con un ulteriore spostamento di popolazione dalle aree rurali alle città e un'accresciuta pressione sulle risorse disponibili, in particolare l'acqua, che rischia di alimentare nuovi conflitti. L'aumento elevato di emissioni di ossido di carbonio nell'atmosfera rischia di compromettere l'equilibrio ambientale, con conseguenze gravi sul clima del pianeta.

Si inizia a considerare il tema dello sviluppo dei paesi poveri non più da un punto di vista unicamente umanitario o etico, ma come questione globale, che riguarda tanto il Sud quanto il Nord del mondo. Se tanto i paesi ricchi quanto quelli in via di sviluppo non assumono congiuntamente responsabilità per uno sviluppo globale sostenibile, il rischio è quello di un peggioramento generale delle condizioni di vita nel mondo.

La promozione dello sviluppo sostenibile è un bene pubblico globale. Già negli anni Sessanta, in particolare con le opere di Bruce Russett (*The tragedy of the commons*, 1968) e di John Sullivan (*Collective goods and international organization*, 1971), si era avviato un dibattito tra economisti sull'applicazione alle sfide globali del concetto di beni pubblici. Negli anni Novanta, Amartya Sen introduce il concetto di *global equity*, differenziandolo dall'idea di uguaglianza a livello di singoli paesi, mentre Todd Sandler collega il concetto di beni pubblici mondiali ad aree come l'ambiente e lo sviluppo economico. Problematiche come quelle della lotta contro la diffusione delle malattie endemiche, della prevenzione dei conflitti, della sicurezza alimentare sono state messe in rapporto con la teoria dei beni pubblici mondiali, che però non ha visto ancora affermarsi un consenso nella comunità internazionale per un suo pieno riconoscimento e per un'assunzione di impegni finanziari aggiuntivi da parte dei donatori per il loro conseguimento.

Il documento DAC del 1996. È da queste premesse che il DAC definisce i nuovi orizzonti della cooperazione allo sviluppo in un documento pubblicato nel 1996, intitolato *Ruolo della cooperazione allo sviluppo all'alba del XXI secolo.*

L'analisi muove dalla constatazione dell'accrescimento delle fasce di popolazione nel mondo viventi in condizioni di estrema povertà e della concentrazione dei 4/5 della popolazione mondiale nei PVS. Proprio in ragione dell'accresciuta interdipendenza tra i paesi, per far fronte alle nuove emergenze mondiali, quali i fenomeni migratori, il degrado ambientale, la diffusione di malattie endemiche e la proliferazione del crimine internazionale, l'impegno internazionale deve essere rivolto a combattere la povertà in tutti i paesi.

Nella riflessione del DAC si ripercorrono le principali esperienze di cooperazione allo sviluppo negli ultimi cinquant'anni, a cominciare dal Piano Marshall. Tali esperienze mettono in evidenza che l'aiuto funziona quando è utilizzato per sostenere uno sviluppo a lungo termine, sulla base di un principio di appropriazione delle politiche da parte dei governi dei paesi beneficiari, ed è gestito con una volontà comune da tutti i partner coinvolti.

Richiamando le conclusioni di varie conferenze delle Nazioni Unite sullo sviluppo, la comunità dei donatori definisce un insieme integrato di obiettivi internazionali per lo sviluppo, indicati anche quantitativamente, che dovrebbero costituire, attorno alla priorità della riduzione della povertà, la base di riferimento per un nuovo partenariato internazionale tra i paesi donatori e i Pvs. Questi obiettivi, improntati a una concezione della povertà e dello sviluppo multidimensionale, più ampia dei semplici concetti monetari, fissano traguardi ambiziosi da raggiungere nell'arco di un ventennio. In essi si trova una particolare attenzione alla lotta alla malattia, alla malnutrizione e all'analfabetismo, al conseguimento della parità di opportunità tra uomini e donne, e alla tutela delle risorse ambientali. Il Dac raccomanda che tali obiettivi vengano perseguiti attraverso un approccio specifico per ogni paese nel rispetto delle condizioni locali. Questi obiettivi verranno integrati, nel 2000, nella Dichiarazione del millennio delle Nazioni Unite e riformulati come Obiettivi di sviluppo del millennio.

Una delle principali novità introdotte dal documento è la definizione di un nuovo modello di collaborazione tra paesi donatori e paesi beneficiari dell'aiuto, basata sul partenariato, sull'assunzione congiunta di responsabilità e sul pieno coinvolgimento di tutte le forze sociali locali.

I Pvs sono i principali responsabili delle proprie strategie di sviluppo, che devono emergere da un dialogo aperto tra autorità locali, società civile e partner esterni. I programmi dei donatori devono quindi inserirsi in tali strategie, privilegiando gli strumenti che incoraggino una leadership locale.

Ai Pvs spetta l'impegno di adottare politiche macroeconomiche adeguate, garantire il funzionamento della legge e delle istituzioni, creare un clima favorevole alle imprese e agli investimenti, sviluppare un costante dialogo sociale, che consenta un approccio inclusivo nelle politiche di sviluppo.

I paesi donatori sono chiamati a definire, congiuntamente con i paesi partner, gli impegni e l'impiego dell'Aps, e a fornire un'assistenza finanziaria e tecnica adeguata e prevedibile nel tempo; a migliorare il coordinamento degli aiuti e aumentarne l'efficacia; a promuovere, infine, una maggiore coerenza tra politiche di aiuto e di altri settori, che incidono sullo sviluppo dei Pvs.

Il nuovo partenariato implica anche un riesame degli strumenti e delle modalità della cooperazione allo sviluppo. In passato, vi è stato da parte dei donatori un uso preponderante dei progetti di aiuto, non sempre inseriti in una strategia d'insieme del paese partner. Il nuovo orientamento è per la definizione di strategie-paese, nelle quali inserire le diverse modalità di aiuto: progetto, programma, sostegno al bilancio.

Il documento richiama anche un'altra importante novità, intervenuta negli anni Novanta riguardo ai flussi finanziari dai paesi industrializzati a quelli in via di sviluppo: i flussi del settore privato superano ampiamente quelli del settore pubblico. Tali flussi sono, però, fortemente concentrati in un numero limitato di paesi e di settori. I paesi più poveri e più piccoli non riescono ad attrarre investimenti. Le risorse private, inoltre, non sono destinate in generale a settori chiave per la riduzione della povertà, quali i settori sociali. Per questo motivo, si riafferma l'impegno ad aumentare le risorse pubbliche per la crescita dei Pvs e si richiama l'obiettivo, stabilito dalle Nazioni Unite nel 1970, di destinare agli aiuti una percentuale dello 0,7% del Pil.

Nuovi orientamenti nella Banca mondiale: «Assessing aid» (1998). Una serie di articoli critici verso la reale efficacia degli aiuti all'inizio degli anni Novanta, nonché il preoccupante calo dell'Aps globale dopo il 1992, spingono la Banca mondiale, sotto la guida di Stiglitz, ad avviare un esercizio di riflessione sull'efficacia degli aiuti. Partendo anche in questo caso dalle esperienze positive (paesi asiatici) e negative (gran parte dei paesi dell'Africa subsahariana), il rapporto *Assessing aid* (1998) identifica le condizioni per il successo dei programmi di aiuto allo sviluppo:

– l'aiuto è efficace in un clima di politiche virtuose da parte del governo locale. Nei paesi in cui vi è una solida gestione dell'economia, l'aumento degli aiuti contribuisce proporzionalmente alla riduzione della povertà e della mortalità infantile;

– un aiuto efficace rappresenta un complemento dell'investimento privato e svolge un ruolo di catalizzatore di flussi di risorse finanziarie;

– il valore aggiunto dei programmi di sviluppo risiede principalmente nel rafforzamento delle istituzioni locali;

– il coinvolgimento della locale società civile migliora la realizzazione dei programmi e la fornitura di servizi;

– l'aiuto è efficace quando sostiene un processo riformatore già avviato nel paese beneficiario.

Per assicurare l'efficacia degli aiuti vengono individuate le seguenti innovazioni nei programmi dei donatori:

– l'assistenza deve essere destinata a paesi a più basso reddito, ma con una buona *governance* economica. In un ambiente istituzionale favorevole, infatti, l'aiuto può svolgere una funzione di catalizzatore della crescita;

– l'aiuto e le sue modalità dovrebbero essere tarati sulle specifiche condizioni dei paesi e dei settori di intervento. L'evidenza indica che l'aiuto è fungibile. Pertanto, la sua efficacia potrà essere misurata soltanto guardando all'allocazione complessiva delle risorse e alla gestione della spesa pubblica nel suo insieme;

– i progetti dovrebbero essere finalizzati a creare e trasmettere conoscenza e capacità, sostenendo innovazioni politiche e istituzionali, che possono migliorare la qualità dei servizi;

– le agenzie di cooperazione dovrebbero individuare approcci alternativi nei paesi «difficili», cosiddetti *poor performers*, che hanno cioè governi incapaci di assicurare una solida *governance* politica ed economica.

Nel documento si afferma l'esigenza di andare oltre il Consenso di Washington, introducendo programmi massicci di investimento nei settori dell'educazione e della salute, che accompagnino i programmi di aggiustamento strutturale.

L'esperienza degli anni precedenti ha, infatti, mostrato che una delle cause principali di insuccesso è stata la debolezza del quadro istituzionale e della gestione politica ed economica delle strategie di sviluppo. L'aiuto va quindi ripensato: esso deve essere più finalizzato al supporto del buon funzionamento delle istituzioni locali, per assicurare i servizi di base necessari, che alla semplice fornitura di capitali. A tal fine, un *mix* di dialogo politico e di finanziamenti a programmi settoriali può essere più efficace rispetto allo strumento «progetto». In molti casi, le autorità locali hanno accettato progetti (una centrale, una scuola, un ospedale) senza avere le necessarie capacità di gestione e manutenzione, o senza averne adeguatamente valutato la necessità.

Cancellazione del debito e strategie nazionali di riduzione della povertà. La rinnovata attenzione dei donatori bilaterali e multilaterali alla povertà, nelle sue differenti manifestazioni, alle sue cause profonde e alle azioni necessarie per combatterla, si traduce anche in una nuova riflessione sul peso del debito per i paesi poveri, stimolata anche dall'emergere nell'opinione pubblica di movimenti, sensibilità e forme attive di solidarietà per la riduzione della povertà nel mondo.

Sin dalla crisi dei primi anni Ottanta, un gran numero di paesi poveri fortemente indebitati continuano ad avere difficoltà nel ripagare il debito accumulato. Sebbene i meccanismi impiegati dalla comunità internazionale per assicurare assistenza finanziaria e ridurre il peso del debito abbiano in molti casi funzionato, la situazione di indebitamento è divenuta cronica e non più sostenibile per un certo numero di paesi poveri. Questi paesi sono prigionieri di un circolo vizioso di indebitamento e povertà, nel quale il pagamento degli interessi sul debito inghiotte le risorse disponibili, che potrebbero essere altrimenti utilizzate per sostenere la crescita e combattere la povertà. Per rispondere a questa situazione drammatica e ridurre il peso dell'indebitamento a un livello sostenibile in un periodo di tempo determinato, il G8 e le istituzioni finanziarie internazionali promuovono, nel 1996, l'iniziativa per la cancellazione del debito ai paesi poveri fortemente indebitati (iniziativa *Heavily indebted poor countries*, HIPC).

L'iniziativa specifica i requisiti per accedere alla procedura di cancellazione, che si articola nelle seguenti quattro fasi.

1) Il governo del paese debitore adotta un programma di aggiustamento strutturale, concordato con il FMI e la Banca mondiale, al fine di perseguire la stabilizzazione economica e una capacità autonoma di promuovere lo sviluppo.

2) Dopo un periodo massimo di tre anni, a seguito di una valutazione sulla sostenibilità del programma adottato, il FMI e la Banca mondiale, se la valutazione è positiva, dichiarano il raggiungimento del *decision point*, vale a dire l'eleggibilità del paese all'iniziativa, e avviano un programma di assistenza finanziaria.

3) Il paese adotta allora una strategia nazionale di riduzione della povertà (PRSP), con il supporto di FMI e Banca mondiale, oltre che del Club di Parigi, che raggruppa i 19 principali governi creditori e coordina le azioni di rinegoziazione del debito. A questo punto, il governo sottoscrive con il Club di Parigi le intese multilaterali di cancellazione del debito, alle quali faranno seguito accordi bilaterali applicativi.

4) Dopo un ulteriore triennio, se il paese debitore ha attuato con successo la strategia nazionale di riduzione della povertà, FMI e Banca mondiale dichiarano il raggiungimento del *completion point*. A tal punto, il governo debitore potrà beneficiare della cancellazione del 100% del debito eleggibile.

L'approccio contenuto nell'iniziativa HIPC è di analizzare la situazione paese per paese, verificando in concreto gli impegni assunti dal governo interessato per risanare l'economia e mettere al centro del proprio programma di sviluppo la riduzione della povertà.

Con il lancio di HIPC, un numero crescente di paesi meno avanzati inizia a formulare strategie nazionali di riduzione della povertà. Queste strategie, elaborate dal governo locale, con la partecipazione più larga possibile di tutte le componenti sociali, e in partenariato con i donatori, diventano il punto di riferimento per i programmi di aiuto. Esse partono da una valutazione dell'incidenza della povertà nel paese, definiscono le priorità e identificano i risultati da conseguire entro un determinato orizzonte temporale, nonché le risorse finanziarie e le misure necessarie per conseguirli. Tendenzialmente, queste strategie dovrebbero integrarsi con le procedure di bilancio ordinarie ed essere coerenti con il quadro macroeconomico del paese. Inoltre, è previsto un meccanismo di monitoraggio dei risultati rispetto agli obiettivi prefissati.

Le strategie valutano la povertà in senso multidimensionale, comprendente varie forme di privazione. Come si ricorderà dai capitoli precedenti, questa concezione – in larga parte ispirata alla riflessione dall'economista Amartya Sen – va oltre l'aspetto meramente economico (reddito *pro capite*, mezzi di sussistenza, condizioni di lavoro), per includere la dimensione umana (la salute, l'educazione), quella politica (la tutela e l'esercizio dei diritti, la partecipazione alla vita politica), la sicurezza (personale e collettiva), le discriminazioni di genere (pari opportunità) e l'accesso alle risorse ambientali (*in primis* l'acqua). La strategia di sviluppo deve allora garantire una crescita che benefici effettivamente i poveri, sia cioè *pro-poor*. La crescita economica, accompagnata a adeguate politiche sociali, deve offrire opportunità concrete alle popolazioni più povere di avere accesso alla terra, al credito, alle infrastrutture, ai servizi di base, attraverso una più equa distribuzione delle accresciute risorse prodotte.

La novità non sta solo nei contenuti, ma anche nel processo che porta alla loro elaborazione. Grazie al coinvolgimento della società civile, del settore privato e delle ONG, spesso attraverso consultazioni nelle varie regioni del paese interessato, la preparazione della strategia contribuisce anche al rafforzamento della società civile stessa e dei processi democratici.

La Dichiarazione del millennio e la Conferenza di Monterrey

L'evoluzione del dibattito sullo sviluppo, maturata sia all'interno della comunità dei donatori che tra i PVS, conduce nel settembre 2000 all'adozione da parte dell'Assemblea generale delle Nazioni Unite della Dichiarazione del millennio. In questa risoluzione (la numero 55/2), vengono recepiti i risultati delle varie conferenze degli anni Novanta e indicati come obiettivi prioritari della comunità internazionale, oltre alla pace, alla sicurezza e al disarmo, proprio lo sviluppo, la riduzione della povertà, la salvaguardia dell'ambiente, la promozione dei diritti umani e della democrazia in tutto il mondo. Per la prima volta, la finalità dello sviluppo viene anche tradotta in obiettivi quantitativi, da raggiungere entro il 2015, che riprendono ed estendono quelli definiti dal Dac nel 1996.

Nel 2001, il segretario generale dell'Onu ha presentato il «Piano di azione per l'applicazione della Dichiarazione del millennio». I massimi responsabili delle Nazioni Unite, della Banca mondiale, del Fmi e dell'Ocse hanno sottoscritto un documento che contiene gli 8 Obiettivi di sviluppo del millennio (*Millennium development goals*, Mdg). Il documento contiene anche 18 traguardi (*targets*) e 48 indicatori, per monitorare i progressi di ciascun paese verso il conseguimento di questi obiettivi (tab. 7). Le Nazioni Unite (http://www.un.org/millenniumgoals) e la Banca mondiale (www.developmentgoals.org) producono ogni anno dei rapporti sull'andamento dei vari paesi rispetto ai 48 indicatori.

Fissati gli obiettivi, la comunità internazionale si è interrogata su come definire e mobilitare le risorse necessarie per finanziare i programmi di sviluppo, finalizzati a creare le condizioni economiche e sociali per il conseguimento degli Mdg. La Conferenza delle Nazioni Unite sul finanziamento dello sviluppo, svoltasi a Monterrey, Messico, nel marzo 2002, con la partecipazione di capi di Stato e di governo dei paesi membri, ha cercato di trovare una risposta comune. La conferenza si è conclusa con l'adozione di una risoluzione, definita il «Consenso di Monterrey», che contiene l'insieme degli impegni per i diversi soggetti coinvolti nelle politiche per lo sviluppo (governi dei paesi sviluppati,

TAB. 7. *Gli Obiettivi di sviluppo del millennio e principali traguardi*

Obiettivi	Sotto-obiettivi
1. Eliminare la povertà estrema e la fame	*a.* Dimezzare tra il 1990 e il 2015 il numero di persone che vivono con meno di 1 dollaro al giorno
	b. Dimezzare tra il 1990 e il 2015 il numero di persone che soffrono la fame
2. Assicurare l'istruzione elementare universale	*a.* Garantire entro il 2015 che le bambine e i bambini di tutto il mondo abbiano accesso alle scuole elementari
3. Promuovere l'uguaglianza delle donne e la loro posizione sociale	*a.* Eliminare le disuguaglianze tra sessi nell'accesso all'istruzione elementare e media entro il 2005 e per tutti i livelli di istruzione entro il 2015
4. Ridurre la mortalità infantile	*a.* Ridurre di 2/3 tra il 1990 e il 2015 il tasso di mortalità dei bimbi al di sotto dei cinque anni
5. Migliorare la salute materna	*a.* Ridurre di 3/4 tra il 1990 e il 2015 il tasso di mortalità materna
6. Combattere l'HIV/AIDS e le altre malattie maggiori	*a.* Fermare e invertire entro il 2015 la diffusione del virus HIV/AIDS
	b. Fermare e invertire entro il 2015 la diffusione di altre malattie diffuse come la malaria e la tubercolosi

governi dei PVS, organizzazioni internazionali, organizzazioni della società civile, settore privato).

Nel Consenso di Monterrey si afferma anzitutto l'esigenza di un nuovo partenariato tra paesi industrializzati e PVS, basato su una reciproca assunzione di responsabilità. Ciascun paese ha una responsabilità primaria per il proprio sviluppo, anche se in un mondo sempre più interdipendente gli sforzi nazionali devono essere accompagnati da un ambiente economico internazionale favorevole, che offra opportunità di commercio e di investimento a tutti i paesi.

I capi di Stato riconoscono il ruolo chiave che la globalizzazione può giocare per lo sviluppo e l'eliminazione della povertà, soprattutto in termini di maggiore partecipazione al

Segue

Obiettivi	Sotto-obiettivi
7. Assicurare la sostenibilità ambientale	*a.* Integrare i principi di sviluppo sostenibile nei programmi e nelle politiche di ciascuno Stato *b.* Dimezzare per il 2015 la quota di persone che non ha accesso all'acqua potabile *c.* Raggiungere entro il 2020 un miglioramento significativo delle condizioni di vita degli abitanti dei quartieri poveri
8. Sviluppare un'alleanza globale per lo sviluppo	*a.* Sviluppare un sistema commerciale e finanziario al servizio dello sviluppo e non discriminatorio *b.* Affrontare i problemi dei paesi meno sviluppati *c.* Affrontare i problemi speciali dei paesi in via di sviluppo il cui territorio non ha accesso al mare o è costituito da un'isola *d.* Rendere il debito dei paesi in via di sviluppo sostenibile *e.* Sviluppare strategie per l'occupazione giovanile, in collaborazione con i paesi in via di sviluppo *f.* Assicurare l'accesso ai medicinali essenziali nei paesi in via di sviluppo, in collaborazione con le industrie farmaceutiche *g.* Fare in modo che i benefici delle nuove tecnologie siano disponibili a tutti, in collaborazione con il settore privato

commercio e agli investimenti internazionali. Si riconosce che la globalizzazione «offre opportunità e rischi», ma che i Pvs hanno difficoltà specifiche ad approfittare di queste opportunità e a rispondere a queste sfide.

Per trarre vantaggio dalle opportunità, occorre assicurare condizioni interne capaci di promuovere gli investimenti produttivi, realizzando le infrastrutture di base e qualificando le risorse umane. I governi sono chiamati ad adottare politiche macroeconomiche virtuose, che favoriscano allo stesso tempo la crescita e la riduzione della povertà, e a favorire la mobilitazione di tutte le risorse finanziarie disponibili, domestiche e internazionali, per promuovere lo sviluppo del settore privato. Il buon governo e il corretto funzionamento delle istituzioni pubbliche sono essenziali. In questo quadro la lotta alla corruzione è considerata prioritaria.

Per favorire lo sviluppo del settore privato e l'aumento degli investimenti, si sottolinea l'importanza di sviluppare il sistema finanziario e i mercati dei capitali, prestando particolare attenzione alle piccole e medie imprese, che spesso non hanno accesso a queste risorse vitali. Allo stesso tempo, si incoraggiano schemi innovativi di finanziamento, che includano il microcredito (box 2) e meccanismi che favoriscano l'utilizzazione delle rimesse degli emigrati per investimenti per lo sviluppo.

Nei programmi di sviluppo, investimenti adeguati devono essere indirizzati verso la realizzazione di infrastrutture sociali e per incrementare le reti e i programmi di protezione degli strati più poveri della popolazione. Queste reti di protezione sono particolarmente importanti per attenuare i costi del processo di aggiustamento che ciascun paese attraversa quando si apre alla globalizzazione.

La dichiarazione riconosce che un efficace partenariato tra donatori e Pvs deve essere basato sul riconoscimento della leadership nazionale e dell'appropriazione (*ownership*) locale delle politiche per lo sviluppo.

Box 2. *Il microcredito*

Il microcredito rappresenta un importante strumento di riduzione di povertà e di emancipazione, perchè permette ai più poveri e emarginati, soprattutto alle donne, di aver accesso a servizi finanziari e di avviare e sviluppare progetti di autoimpiego e generazione del reddito. Esclusi dal sistema di credito bancario, a causa dell'inadeguatezza o assenza di garanzie reali e della natura delle loro attività, ritenuta troppo ridotta e rischiosa dalle banche tradizionali, molti piccoli produttori, in aree urbane o rurali, sono vincolati all'usura per far fronte alle proprie necessità economiche. I programmi di microcredito offrono una valida alternativa dal momento che erogano piccoli prestiti a comunità, generalmente di donne, che necessitano di risorse finanziarie per lo sviluppo di microattività economiche nell' agricoltura, allevamento, e piccolo commercio.
Lanciata da Muhammad Yunus nel 1976, la prima banca rurale – la Grameen Bank – erogava piccoli crediti alle donne dei villaggi del Bangladesh per l'acquisto di bestiame – per esempio, una vacca. La vendita del latte consentiva il ripagamento periodico del debito. Oggi l'iniziativa ha oltre mille filiali, quasi 13 mila dipendenti e 2,3 milioni di utenti in 39 mila villaggi, per un totale di 33 milioni di prestiti su base mensile. Un recente studio della Banca mondiale rivela che circa il 50% dei nuclei più poveri del Bangladesh ha migliorato decisamente le proprie condizioni di vita, varcando la soglia della povertà, grazie all'accesso al microcredito.

Un numero sempre crescente di ONG, banche commerciali e organismi internazionali offrono programmi di microcredito in vari PVS. Una delle principali caratteristiche del credito è il meccanismo di responsabilità solidale – il credito viene concesso ad un gruppo, in cui ogni partecipante risponde del credito degli altri membri in proporzione alla quota del proprio prestito. Il credito si basa, dunque, su un rapporto di fiducia tra i contraenti e non richiede garanzie reali che spesso sono tra le cause principali della non bancabilità. La piccola entità del credito, generalmente inferiore ai 100 dollari, e il rimborso ravvicinato nel tempo consentono alle comunità svantaggiate di ridurre la vulnerabilità agli shock esterni e pianificare il loro consumo futuro. Migliori condizioni di vita si riflettono, a loro volta, in un maggiore accesso a strutture sanitarie e scolastiche.
Il successo di questi programmi si manifesta, inoltre, nell'elevatissimo tasso di ripagamento – a fronte di circa 700 mila prestiti erogati a fine 2004 dalla ONG Opportunity International, più del 98% sono stati rimborsati entro

30 giorni dalla scadenza. Il corretto ripagamento consente, naturalmente, l'incremento dei crediti successivi. L'accesso al credito, tuttavia, non è l'unica risposta alle necessità delle comunità svantaggiate e delle microimprese. Il microcredito si è dunque evoluto nel corso degli ultimi anni per offrire una serie di servizi collaterali quali l'assicurazione, la gestione del risparmio e l'assistenza tecnica alle microimprese che sono cruciali per la sostenibilità delle attività economiche. Oggi si parla dunque più in generale di programmi di microfinanza.
Il riconoscimento del suo importante contributo alla riduzione della povertà ha portato ad una crescente attenzione al fenomeno, fino alla proclamazione del 2005 come Anno internazionale del microcredito da parte delle Nazioni Unite. Una serie di conferenze ha avuto luogo nell'ultimo anno per promuovere una maggiore integrazione tra settore finanziario, ONG, istituzioni internazionali e governi del Nord e Sud del mondo nella diffusione della microfinanza, che è considerata oggi uno degli strumenti più efficaci per il raggiungimento degli MDG.

Fonte: Contributo gentilmente fornito da Lucia Wegner.

La Dichiarazione di Doha su commercio e sviluppo

L'ottavo MDG, che riguarda l'instaurazione di un partenariato mondiale per lo sviluppo, implica la realizzazione di un sistema commerciale internazionale aperto, basato su regole trasparenti e non discriminatorie, che favorisca l'accesso al mercato delle esportazioni dei PVS.

Sul piano dello sviluppo, gli scambi commerciali possono contribuire alla lotta contro la povertà grazie ai loro effetti positivi sulla crescita economica. Secondo alcune stime, i vantaggi derivanti dall'apertura degli scambi per i PVS potrebbero essere, a seconda degli scenari ipotizzati, molto superiori al totale degli aiuti erogati. Tali vantaggi, allo stato delle cose, andrebbero prevalentemente ai PVS più avanzati, mentre i paesi più poveri riceverebbero solo parte dei benefici, a causa della debolezza delle loro strutture produttive e istituzionali.

La liberalizzazione degli scambi – necessaria affinché i paesi poveri, che non dispongono di tecnologie, macchinari e beni intermedi, possano avervi accesso e mettere a frutto i propri vantaggi comparati – deve allora essere accompagnata da programmi di cooperazione che favoriscano il rafforzamento di capacità commerciali in questi paesi, tanto sul lato dell'offerta produttiva (capacità di produrre beni che soddisfano la domanda internazionale) quanto su quello istituzionale (capacità di condurre le negoziazioni commerciali internazionali, di preparare strategie di supporto alle esportazioni, di valutare l'impatto della riduzione tariffaria e di altre misure non tariffarie, ecc.). D'altra parte, sono indispensabili misure complementari, di politica sociale, che riducano, per quanto possibile, l'impatto sulle popolazioni più povere dei costi di aggiustamento strutturale che l'apertura agli scambi comporta.

La dichiarazione conclusiva della quarta Conferenza dei ministri dell'Organizzazione mondiale del commercio (Omc), svoltasi a Doha nel 2001, sottolinea il ruolo che il commercio internazionale può svolgere nella promozione dello sviluppo e della riduzione della povertà e sancisce l'impegno di mettere al centro dei futuri negoziati le esigenze e gli interessi dei Pvs. L'intento è di far fronte alla persistente marginalizzazione dei Pvs, soprattutto di quelli meno avanzati, nell'economia globale e di favorire una loro integrazione nel sistema di commercio multilaterale.

Un'attenzione particolare è dedicata al commercio di prodotti agricoli, fortemente protetto nei paesi industrializzati, soprattutto attraverso sussidi offerti ai produttori. La dichiarazione indica l'obiettivo di una progressiva liberalizzazione di questi mercati, nella prospettiva di una soppressione di tutte le forme di sussidi agricoli che provocano effetti distorsivi sul commercio internazionale. Del negoziato dovranno far parte, però, anche i trattamenti preferenziali (c.d. trattamenti speciali e differenziati) oggi riservati ai Pvs, la riduzione generalizzata delle barriere commerciali nel settore dei servizi e dei prodotti non agricoli, nonché gli aspetti commerciali dei diritti di proprietà intellettuale, aree rispetto alle quali i Pvs hanno però espresso forti riserve.

La dichiarazione definisce la cooperazione tecnica e il rafforzamento delle capacità commerciali come elementi fondamentali del processo negoziale e afferma un maggiore impegno, anche finanziario, dell'Organizzazione mondiale del commercio e dei paesi donatori in tal senso.

Il processo avviato a Doha non si presenta agevole, in considerazione del notevole impatto che l'apertura dei mercati, in particolare nel settore agricolo e in quello dei servizi, produce sui sistemi economici e produttivi, sia dei paesi industrializzati che dei Pvs. Dopo la battuta d'arresto nei negoziati verificatasi nella Conferenza di Cancun, si sono riaperte speranze per un successo del negoziato con l'accordo raggiunto nel consiglio generale di Ginevra nell'agosto 2004, che definisce le modalità dei negoziati in vista di una nuova sessione ministeriale prevista ad Hong Kong nel dicembre 2005. Il persistere di divergenze sulla portata e le modalità di ulteriori riduzioni tariffarie ha prodotto un ulteriore stallo delle negoziazioni.

Il vertice di Johannesburg sullo sviluppo sostenibile

Nella Dichiarazione del millennio vi sono ampi riferimenti all'obiettivo dello sviluppo sostenibile, che era stato già definito nella Conferenza di Rio de Janeiro del 1992. Questa conferenza ha associato la protezione dell'ambiente allo sviluppo economico e sociale e si conclude con l'adozione del programma globale di impegni Agenda 21. Le convenzioni concluse a Rio forniscono un nuovo quadro giuridico internazionale per una risposta globale alle sfide dei cambiamenti climatici, della perdita della biodiversità e della desertificazione. Esse prevedono anche meccanismi finanziari per la loro attuazione nei Pvs e sottolineano l'importanza della cooperazione internazionale per favorire il trasferimento di tecnologia e il rafforzamento delle capacità locali necessari al raggiungimento degli obiettivi di Agenda 21.

Nel 2002, dieci anni dopo Rio, la Conferenza delle Nazioni

Unite tenutasi a Johannesburg ha definito come obiettivi prioritari dello sviluppo sostenibile lo sradicamento della povertà e il cambiamento dei modelli di consumo e dei sistemi di produzione. La dichiarazione finale riconosce che, mentre il degrado ambientale, i cambiamenti climatici e la perdita di biodiversità hanno ulteriormente messo in pericolo il mantenimento degli equilibri ecologici, la globalizzazione e l'integrazione dei mercati presentano nuove sfide e opportunità per lo sviluppo sostenibile. Si sottolinea, quindi, l'urgenza di promuovere un partenariato tra i popoli e i governi allo scopo di promuovere strategie di sviluppo sostenibile. In particolare, si afferma l'impegno ad accrescere in modo significativo l'accesso delle popolazioni povere all'acqua potabile e ai servizi igienici e a trovare soluzioni innovative, ad esempio attraverso partenariati tra attori pubblici e privati. A seguito della conferenza, il settimo MDG (sostenibilità ambientale) si arricchisce di un ulteriore traguardo: il dimezzamento, entro il 2015, del numero di persone che non hanno accesso all'acqua e ai servizi igienici.

Un nuovo paradigma?

Dalla fine degli anni Novanta, la comunità internazionale riafferma la necessità di fare di più e meglio per promuovere lo sviluppo, la lotta alla povertà e al degrado ambientale. I risultati delle conferenze qui richiamate delineano gli obiettivi condivisi e le linee generali per raggiungerli. Le riflessioni in seno al DAC e l'adozione di varie linee guida definiscono il nuovo quadro di riferimento per l'azione dei donatori, che enfatizza la necessità di promuovere l'appropriazione delle politiche di sviluppo da parte degli attori locali e di uno sforzo congiunto dei donatori per accrescere l'efficacia degli aiuti.

La Conferenza di Monterrey, con la sua ampia e articolata conclusione (disponibile sul sito www.un.org./esa/ffd), costituisce il momento culminante dell'affermazione del nuovo paradigma della Pcs. Con il Consenso di Monterrey si avvia un partenariato globale tra paesi industrializzati, Pvs, settore privato e organizzazioni della società civile. Esso combina l'adozione di politiche virtuose da parte dei Pvs, con un'accresciuta fornitura di aiuti da parte dei donatori e un impegno congiunto a promuovere politiche coerenti con l'obiettivo della crescita e dello sviluppo dei paesi poveri.

D'altra parte, la Conferenza di Monterrey, pur essendo riuscita a definire un terreno nuovo d'intesa strategica sulla cooperazione allo sviluppo, non ha prodotto un piano di attuazione vincolante per i paesi partecipanti, aprendo così nuove sfide, soprattutto per la valutazione dell'efficacia degli aiuti. I tradizionali strumenti di verifica dei programmi di aiuto, basati sul rapporto costi-benefici, se possono ancora essere utilizzati per valutare singoli progetti basati su investimenti fisici, non appaiono sufficienti o adeguati per programmi di aiuto finalizzati alla costruzione di capacità istituzionali, al sostegno di politiche mirate alla promozione degli investimenti, al miglioramento della *governance*, e, tanto meno, al sostegno al bilancio finanziati congiuntamente da più donatori.

Inoltre, soprattutto da parte delle Ong, si esprimono riserve sul permanere di condizionalità nell'erogazione degli aiuti e sulla loro prevedibilità. Tra i donatori stessi permangono ancora accenti diversi nella definizione delle priorità delle strategie di cooperazione: alcuni ritengono decisivo, per la riduzione della povertà, il sostegno alla crescita economica e agli investimenti; altri privilegiano interventi nei settori sociali di base, per contribuire a migliorare le condizioni di vita delle popolazioni più povere.

I temi che emergono da queste conferenze sono quelli dell'aumento e complementarietà delle risorse per finanziare lo sviluppo, dell'efficacia degli aiuti e della coerenza delle politiche. Sono queste alcune delle principali sfide oggetto del prossimo capitolo.

4. *Le nuove sfide*

Il nuovo secolo si è aperto all'insegna di un rinnovato impegno della comunità internazionale verso lo sviluppo. Le mutate condizioni geopolitiche, il persistere di grandi divari economici, ma anche la consapevolezza che l'aiuto può fare la differenza, quando fornito in maniera appropriata e accompagnato da uno sforzo congiunto dei donatori e dei paesi recettori ad attuare politiche virtuose, aprono nuove, impegnative sfide per la comunità internazionale. La crescente interdipendenza globale e la portata della sfida obbligano al lavoro comune, per poter condividere le conoscenze e le esperienze, nonché per adattare gli interventi alle condizioni peculiari esistenti in ciascun paese.

L'obiettivo condiviso di donatori e paesi beneficiari è la promozione di una crescita economica sostenibile e lo sradicamento della povertà; il quadro di riferimento è rappresentato dagli Obiettivi di sviluppo del millennio e dal Consenso di Monterrey. A partire da questa conferenza, donatori e Pvs hanno sottoscritto un impegno reciproco (*mutual accountability*) alla coerenza delle politiche per la riduzione della povertà. Questo impegno implica per i donatori non solo l'aumento delle risorse destinate alla cooperazione, ma anche un loro impiego più efficace e il contemporaneo allineamento delle altre politiche (commerciali, migratorie, agricole, solo per citarne alcune) agli obiettivi dello sviluppo. Dal canto loro, i paesi recettori si impegnano a migliorare le politiche che hanno un impatto decisivo sullo sviluppo e le proprie istituzioni, in particolare a combattere la corruzione e promuovere il buon governo.

In questo capitolo esamineremo le principali sfide, che fronteggiano Pvs e paesi donatori, cercando di rispondere alle domande che ci siamo posti all'inizio di questo libro. In particolare, quali sono le condizioni necessarie affinché la cooperazione allo sviluppo possa contribuire al raggiungimento degli MDG?

Gli impegni presi in occasione delle conferenze internazionali e reiterati in occasione dei vertici del G8 sembrano puntare nella direzione buona e dischiudere una finestra di opportunità per quei Pvs seriamente intenzionati a sconfiggere la povertà. Al contempo, le mobilitazioni dell'opinione pubblica, testimoniate da eventi quali la campagna «Make poverty history» (fare della povertà un ricordo del passato) o i concerti *Live8*, tenutisi alla vigilia del vertice scozzese del G8 nel 2005, sembrerebbero indicare una più diffusa attenzione e maggiore consapevolezza circa i problemi dello sviluppo, al di là delle mobilitazioni estemporanee legate a catastrofi naturali quali terremoti o maremoti.

La breve ricostruzione storica in apertura di questo volume ci insegna però che, spesso, le promesse sono andate disattese, le opportunità sfumate e altre priorità contingenti hanno sopraffatto quella della lotta al sottosviluppo. Per questo motivo, è fondamentale che la pressione dell'opinione pubblica e un efficace controllo democratico siano esercitati sui nostri governi, affinché gli impegni presi vengano rispettati e lo sviluppo resti in cima alla lista delle priorità sull'agenda internazionale.

Le sfide per il raggiungimento degli MDG

Cinque sfide, tra loro legate, fronteggiano i donatori e i Pvs. Le sintetizziamo qui di seguito, per poi approfondirle una ad una nelle pagine successive.

Finanziare lo sviluppo. In un contesto di timido aumento degli aiuti, dove è possibile trovare le risorse addizionali necessarie per conseguire gli MDG? I donatori devono ovviamente mantenere gli impegni presi e aumentare l'APS. Stime effettuate dalle Nazioni Unite e dalla Banca mondiale indicano che gli aumenti previsti dell'APS non sarebbero comunque sufficienti. È necessario allora mobilitare altre fonti di finanziamento, complementari agli aiuti. Da un lato, si pensa a strumenti finanziari innovativi (tasse globali, lotterie, ecc.). Dall'altro, si pone l'accento sul ruolo chiave dei governi dei PVS, soprattutto nel favorire l'impiego produttivo del risparmio nazionale e attirare maggiori investimenti esteri.

Migliorare l'efficacia degli aiuti. Maggiori aiuti sono inutili se sono erogati in maniera inefficiente e se inseriti in un ambiente non «fertile». Da un lato, ciascun donatore può aumentare l'efficienza degli aiuti, riducendo gli sprechi e i costi amministrativi legati alla gestione degli stessi. Questo significa allineare i propri interventi alle priorità identificate dal paese beneficiario, migliorare il coordinamento con gli altri donatori operanti nel paese, ridurre il ricorso agli aiuti legati e semplificare le proprie pratiche amministrative, così da ridurre gli oneri che gravano sulle amministrazioni dei paesi partner. Da parte loro, i paesi recettori devono identificare chiaramente le priorità che gli aiuti sono chiamati a finanziare, migliorare la gestione e la trasparenza dei propri conti pubblici, e permettere così il monitoraggio dell'impiego delle risorse. Data la debolezza di molte amministrazioni nei PVS, i donatori devono anche prestare una maggiore attenzione al rafforzamento delle capacità umane e istituzionali di questi paesi.

Aumentare la coerenza delle politiche. Data la portata della sfida, non si può chiedere alla politica di cooperazione di conseguire i propri obiettivi se altre politiche «remano contro». I paesi donatori devono ridurre le incoerenze tra le politiche economiche che hanno un impatto sulla crescita dei PVS e aumentare le sinergie tra la PCS e le altre politiche (ad esempio per favorire la crescita delle esportazioni). La coerenza non è però una questione confinata ai donatori. I PVS stessi devono garantire una maggiore convergenza delle proprie politiche con l'obiettivo della lotta alla povertà.

Ridurre la vulnerabilità dei Pvs. La grande vulnerabilità ai disastri naturali, alle oscillazioni dei prezzi delle materie prime e allo scoppio di conflitti armati contribuisce a diminuire l'efficacia degli aiuti e di altre politiche a sostenere la crescita e la riduzione della povertà. Donatori e governi dei paesi beneficiari devono agire congiuntamente per mitigare le conseguenze delle calamità naturali, ridurre la dipendenza da un numero limitato di fonti di sostentamento (diversificazione produttiva e delle esportazioni), prevenire i conflitti e favorire la pacificazione.

Sensibilizzare l'opinione pubblica e investire nell'educazione allo sviluppo. Una maggiore consapevolezza dell'opinione pubblica circa i problemi dello sviluppo e le priorità della cooperazione è fondamentale non solo, e non tanto, per accrescere le donazioni private, ma anche, e soprattutto, per aumentare e migliorare la qualità del controllo dell'opinione pubblica sulle Pcs dei paesi donatori. In tal senso, le agenzie di cooperazione sono chiamate a campagne di sensibilizzazione più efficaci e a investire in maniera più decisa nell'educazione allo sviluppo nelle scuole.

Finanziare lo sviluppo

Una delle maggiori preoccupazioni presenti nella comunità internazionale, e in particolare nelle Ong, è l'effettiva capacità di assicurare le risorse finanziarie necessarie per il raggiungimento degli Mdg. Nella fase preparatoria della Conferenza di Monterrey, i governi dell'Ue, nel consiglio svoltosi a Barcellona nel marzo 2002, si sono impegnati affinché tutti i paesi membri destinino almeno lo 0,33% del Pnl agli aiuti entro il 2006. Alcuni paesi hanno assunto individualmente impegni superiori. Complessivamente, i paesi dell'Ue, sulla base di quelli assunti da ciascun governo membro, dovrebbero raggiungere una media dello 0,42% del PNL. Gli Stati Uniti, con l'istituzione del *Millennium challenge account*, hanno annunciato un incremento di 5 miliardi di dollari entro il 2006 e di 2 miliardi di dollari per gli aiuti umanitari e di emergenza, da destinarsi ai paesi bisognosi che dimostrino un impegno concreto al buon governo. Tuttavia, nonostante questi incrementi annunciati di risorse, rimarrebbe un gap di circa 25 miliardi di dollari l'anno, per raggiungere il volume di risorse necessario (stimato attorno ai 50 miliardi di dollari l'anno) a finanziare i programmi finalizzati al conseguimento degli MDG.

Nella comunità internazionale si è quindi aperto un ampio dibattito sulla ricerca di modalità innovative di finanziamento dello sviluppo. Sono state avanzate proposte, soprattutto dalle ONG, di introdurre misure fiscali, quali tasse ambientali, aeroportuali, sui movimenti di capitale (la c.d. «Tobin Tax»), sull'esportazione delle armi o dei beni di lusso che, tuttavia, hanno ricevuto un supporto limitato da parte dei governi. Altri ancora hanno suggerito di istituire una lotteria internazionale per finanziare il raggiungimento degli MDG.

Il governo italiano ha proposto l'adozione della «de-tax», che si basa sulle decisioni volontariamente assunte dai consumatori e dai circuiti della distribuzione commerciale, di destinare l'1% del valore degli acquisti al dettaglio per un progetto di cooperazione allo sviluppo, con un'esenzione su tale quota del pagamento di imposte dirette e indirette.

Francia e Regno Unito hanno avanzato la proposta di istituire un meccanismo di finanziamento internazionale (International financial facility, IFF), che prenderebbe a prestito, sui mercati internazionali dei capitali, le risorse necessarie per finanziare il raggiungimento degli MDG. Questo meccanismo è basato su un impegno vincolante di lungo termine dei governi donatori (non inferiore a 15 anni) a fornire maggiori aiuti ai PVS. La IFF potrebbe allora usare questa promessa come garanzia per emettere delle obbligazioni sui mercati internazionali. I fondi così raccolti sarebbero poi indirizzati, in forma di doni erogati attraverso i canali bilaterali e multilaterali, al finanziamento degli MDG nei paesi più poveri. La IFF ripagherebbe i prestiti contratti grazie ai futuri flussi di aiuti garantiti dai donatori. Questo meccanismo, che prevede impegni progressivamente crescenti dei donatori, consentirebbe di raccogliere fino a 50 miliardi di dollari USA all'anno, da oggi al 2015.

Sul tema specifico del finanziamento delle infrastrutture necessarie per assicurare un migliore accesso all'acqua potabile e ai servizi igienici, vi è poi stata la proposta, contenuta nel rapporto Camdessus del marzo 2003, di istituire garanzie pubbliche per stimolare investimenti privati locali ed esteri.

In che misura queste proposte sono realizzabili e possono effettivamente contribuire al finanziamento degli MDG? Il dibattito sul tema resta aperto e in prospettiva non è da escludersi che, nei prossimi anni, una o più delle modalità descritte vengano adottate dai paesi donatori. La Francia, ad esempio, ha introdotto al riguardo una tassa sul trasporto aereo a partire dal 2006. Alcune considerazioni possono aiutare nella valutazione della proposta più appropriata.

In primo luogo, la fattibilità deve essere valutata non solo in termini tecnico-economici, ma anche, e soprattutto, politici. Un ampio supporto della comunità internazionale è fondamentale, perché si agisca rapidamente e si mobiliti una quantità di risorse sufficienti. In secondo luogo, la scelta deve farsi in base alla capacità dell'iniziativa di generare risorse addizionali (che non sostituiscono cioè i flussi di aiuti esistenti) e disponibili rapidamente. Ogni anno di ritardo nel disborso comporta, infatti, un aumento dei costi per raggiungere gli MDG. In terzo luogo, è necessario che la proposta sia credibile e garantisca un flusso di finanziamento stabile. Solo a queste condizioni, i governi dei paesi beneficiari avranno un incentivo ad attuare necessarie riforme e investimenti. Infine, è fondamentale che i fondi addizionali raccolti siano utilizzati in modo tale da massimizzare l'impatto sul raggiungimento degli MDG, vale a dire per migliorare le condizioni sanitarie, lottare conto le epidemie di Aids, tubercolosi e malaria, e migliorare l'accesso e la qualità dell'istruzione.

Migliorare l'efficacia degli aiuti

L'aumento del volume degli aiuti rende sempre più necessario uno sforzo per dimostrare la loro utilità e contributo a sostenere la crescita, rafforzare le capacità istituzionali nei Pvs e ridurre la povertà. Si è sviluppato allora un intenso dialogo tra donatori e partner, per definire un nuovo modo di concepire, realizzare e valutare la cooperazione.

Uno studio recente ha stimato che in ciascun paese beneficiario di aiuti operano in media 26 tra donatori bilaterali e multilaterali. Il donatore tipo è attivo in un gran numero di paesi (in media oltre 100), concentra gran parte dei suoi sforzi in un numero ristretto di questi, e disperde il resto tra una molteplicità di beneficiari, che ricevono ciascuno solo una minuscola frazione del totale, pari a meno dell'1%. Ciascun progetto, a prescindere dalla dimensione, comporta dei costi amministrativi. Il trasferimento effettivo (al netto dei costi amministrativi) di risorse dal donatore al beneficiario risulta quindi diminuito. In Tanzania, all'inizio degli anni Novanta, operavano circa 40 donatori con oltre 2.000 progetti, talvolta di dimensioni assai ridotte, senza una reale coordinazione per evitare duplicazioni e ridurre i costi per il governo locale.

Che l'efficacia degli aiuti debba, e possa, essere aumentata, è assodato. Donatori e paesi beneficiari conoscono bene i sintomi del problema, e concordano sulla diagnosi. Anche le misure necessarie per migliorare i risultati sono note. Già nel 1992, il Dac, nel documento «Principi per la valutazione degli aiuti allo sviluppo», aveva definito le linee guida per assicurare una maggiore efficacia degli aiuti.

L'assistenza allo sviluppo è ivi definita come un esercizio di partenariato tra i donatori e i recipienti. Gli aiuti devono sostenere attività per le quali la responsabilità ultima è dei paesi beneficiari, e il successo dei progetti di cooperazione dipende dalle azioni sia del donatore che del paese beneficiario. Vi deve quindi essere un interesse comune a identificare le priorità e a sviluppare valutazioni obiettive dei risultati, attraverso procedure trasparenti e aperte, che dovrebbero coinvolgere tanto il donatore quanto il beneficiato. I donatori dovrebbero privilegiare nuove modalità di cooperazione, quali l'aiuto-programma e il sostegno al bilancio dei paesi partner, che rafforzano il ruolo di programmazione e gestione da parte del governo locale, così come la partecipazione coordinata di più donatori ai programmi di cooperazione.

Un aspetto essenziale, per garantire l'efficacia degli aiuti, è l'allineamento dell'azione dei donatori alle priorità nazionali identificate dal governo partner ed il superamento di una dispersione degli interventi attorno ad obiettivi diversi. I donatori devono impegnarsi per superare le duplicazioni, ridurre il numero dei progetti e delle missioni, aderire a programmi finanziati da più donatori e, quando possibile, delegare l'esecuzione di certi interventi a quel donatore che ha una maggiore competenza nel paese in questione (c.d. «cooperazione delegata»). La gestione di differenti procedure amministrative dei donatori rappresenta, infatti, un costo considerevole per il beneficiario ed un impedimento ad una gestione più fluida degli aiuti.

Nonostante queste raccomandazioni, una molteplicità di fattori concorre a rallentare l'adozione delle misure necessarie. Tra questi, solo per citarne alcuni, la volontà di utilizzare la Pcs per mantenere un profilo internazionale da parte dei donatori, che spinge alla proliferazione e frammentazione degli interventi; l'esistenza di interessi costituiti nei paesi donatori, che premono per il mantenimento degli aiuti legati; oggettive diversità e difficoltà amministrative nelle procedure di disborso degli aiuti dei vari donatori, che aumentano l'onere per il beneficiario e ne riducono il valore effettivo. Chiaramente, le limitate capacità delle burocrazie dei Pvs e l'esistenza di corruzione e mal governo contribuiscono ad aggravare la situazione.

L'agenda di Roma per l'armonizzazione e l'efficacia degli aiuti. Consapevole della necessità di prendere provvedimenti concreti, il Dac ha istituito, nel dicembre del 2000, una *task force* allo scopo di definire un insieme di pratiche efficaci di aiuto e suggerire degli indicatori appropriati per misurare i progressi in tal senso, associando ai suoi lavori un numero consistente di paesi partner. A conclusione del lavoro, nel febbraio 2003, si è svolto a Roma un Forum ad alto livello, che si è concluso con la Dichiarazione di Roma, nella quale vengono definiti gli impegni dei donatori per l'armonizzazione e l'efficacia degli aiuti.

Tre sono le componenti chiave suggerite per migliorare l'efficacia degli aiuti nella partnership tra donatori e paese beneficiario (fig. 3): l'appropriazione delle politiche di sviluppo da parte del paese partner, l'allineamento delle azioni dei donatori a queste priorità, l'armonizzazione e semplificazione delle procedure dei donatori.

Dalla dichiarazione, emerge anzitutto l'esigenza che i donatori abbiano un unico quadro strategico di riferimento nel paese partner per i programmi di cooperazione, definito dal governo locale con un'ampia partecipazione della società civile, e condiviso dall'intera comunità dei donatori. In questo quadro, vanno promossi accordi tra i donatori, per rafforzare il coordinamento e semplificare le procedure, possibilmente utilizzando i sistemi di contabilità pubblica del paese partner. Laddove non è possibile adottare i sistemi di contabilità locali, i donatori dovrebbero definire tra loro un sistema standardizzato di controllo, e impegnarsi a rafforzare le capacità locali. Si impegnano, inoltre, a stanziare impegni finanziari pluriennali, compatibili con i cicli di bilancio del paese partner, così da permettergli di programmare adeguatamente le proprie strategie di sviluppo. Donatori e governi partner dovrebbero infine definire un set comune di indicatori

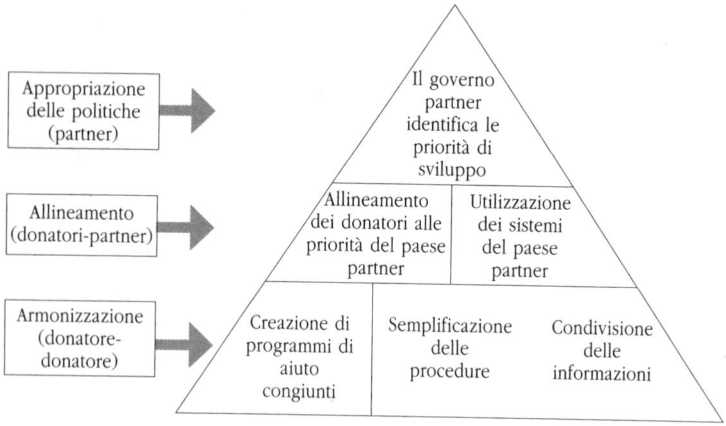

FIG. 3. L'agenda di Roma per l'armonizzazione.

Fonte: DAC, *Survey on harmonisation and alignment* (2005), www.oedc.org/dac/effectiveness.

di performance e istituire luoghi di consultazione permanente, per facilitare il monitoraggio dei programmi.

La collaborazione e la condivisione di informazioni, di strumenti analitici e diagnostici fra i donatori e il governo del paese partner assumono particolare importanza ai fini del rafforzamento delle capacità locali e dell'armonizzazione, per evitare duplicazioni. L'appropriazione delle strategie di sviluppo presuppone infatti un ruolo guida (e una capacità) del governo locale nel condurre la raccolta dei dati, l'analisi e la formulazione degli interventi. Con sempre maggiore frequenza si assiste alla creazione di gruppi di lavoro tra donatori su temi specifici, con un donatore che assume un ruolo di coordinamento e collegamento col governo locale. In Vietnam, ad esempio, si sono costituiti gruppi di lavoro congiunti tra il governo, i donatori e le ONG, allo scopo di condividere strumenti di analisi nelle aree della riforma della pubblica amministrazione, della sicurezza alimentare e della salute.

A seguito della Dichiarazione di Roma del 2003, i donatori hanno sperimentato sul campo soluzioni concrete per migliorare l'efficacia degli aiuti.

Il sostegno finanziario diretto al bilancio, sia a carattere generale che settoriale, sembra rispondere meglio di altre modalità alla necessità di allineamento degli interventi alle priorità identificate dai governi partner e di maggiore appropriazione delle strategie di sviluppo. Al fine di garantire il rispetto degli impegni reciproci, occorre concordare un quadro di riferimento, contenente le condizioni e i criteri per l'erogazione e la gestione dell'aiuto al bilancio. Questo quadro sarebbe anche lo strumento per valutare la *performance* del governo nel perseguire gli obiettivi dichiarati, e dei donatori nel mantenere i propri impegni.

Uno dei più avanzati e importanti esempi di aiuto al bilancio e coordinamento tra donatori è la *Program aid partnership* in vigore dal 2004 in Mozambico, e dove l'Italia ha un ruolo di grande importanza (box 3). Questa partnership coinvolge il governo del Mozambico e 17 donatori bilaterali e multilaterali (Banca mondiale e Commissione europea). I donatori si sono impegnati a fornire principalmente aiuti al bilancio e a programmi settoriali (salute, educazione, infrastrutture, ecc.), tesi a conseguire gli obiettivi identificati dal documento di riduzione della povertà preparato dal governo (*Plano da acção para a redução da pobreza absoluta*). Dal canto suo, il governo si è impegnato ad utilizzare queste risorse in maniera efficace e trasparente. Le parti in causa hanno affermato una responsabilità reciproca per mantenere gli impegni presi. I progressi sono valutati congiuntamente ogni anno, coinvolgendo nella valutazione gli attori rilevanti della società civile. A tal riguardo, sono stati concordati alcuni indicatori per valutare la performance del governo (ad esempio, quante delle risorse programmate nel documento di bilancio per il settore sanitario sono state effettivamente spese) e dei donatori (ad esempio, grado di semplificazione delle procedure, svolgimento di missioni e attività di cooperazione congiunte tra due o più donatori).

Queste esperienze sono state discusse in occasione del secondo Forum ad alto livello per l'armonizzazione e l'efficacia degli aiuti, tenutosi a Parigi nel marzo 2005. In questa occasione si è fatto un bilancio preliminare di queste sperimentazioni ed è stato definito un quadro di attuazione e di monitoraggio dei principi identificati a Roma. L'incontro si è concluso con una dichiarazione, sottoscritta dai ministri dei paesi membri del DAC e di oltre 60 PVS, nella quale sono stati definiti indicatori ed obiettivi, da conseguire entro il 2010, per l'armonizzazione e l'efficacia degli aiuti.

Box 3. *La partnership per lo sviluppo in Mozambico*

In Mozambico 15 donatori (17 dal 2005) hanno sottoscritto un programma congiunto di sostegno al bilancio e un *Aide memoire* con il governo di Maputo. Nel 2004, il programma ha coinvolto aiuti superiori a 240 milioni di dollari, dei quali tre quarti sotto forma di doni.

Questo programma, chiamato *Programme aid partnership*, prevede la definizione degli obiettivi a lungo termine nell'ambito della strategia mozambicana per la riduzione della povertà. Viene istituito un dialogo regolare tra le autorità locali e i donatori, con revisioni periodiche e valutazioni dell'andamento della gestione del programma (c.d. *joint review*). I donatori si impegnano a semplificare l'erogazione degli aiuti e ad annunciare, nel periodo marzo/aprile, gli aiuti per l'anno successivo. La Banca mondiale e il FMI favoriscono il coordinamento dei donatori. L'unica condizione posta dai donatori è l'impegno delle autorità mozambicane ad attuare i programmi di riduzione della povertà come definiti nella strategia nazionale adottata dal governo. Il programma prevede una valutazione periodica della performance dei donatori e del governo mozambicano. La *Performance assessment framework matrix* costituisce il quadro comune di riferimento. Alcuni degli indicatori utilizzati per valutare gli impegni dei donatori includono il rispetto dell'annuncio preventivo del volume di aiuti per l'anno successivo, la progressiva adozione di programmi di aiuti pluriennali, la riduzione delle condizioni bilaterali associate agli aiuti, l'adozione di procedure comuni ai vari donatori, la riduzione del numero di missioni individuali e l'adozione di missioni congiunte di vari donatori. Per quanto riguarda l'operato del governo locale, viene valutato lo stato di avanzamento nel raggiungimento degli obiettivi identificati nel documento di riduzione della povertà. Gli indicatori impiegati includono, tra gli altri, l'aumento dei tassi di partecipazione dei bambini all'educazione primaria, un maggiore accesso per le persone sieropositive ai farmaci antiretrovirali, un accesso facilitato al microcredito, la semplificazione delle procedure e del tempo necessario per acquistare terreni e la promulgazione della legge anticorruzione.

Fonte: http://www.pap.org.mz.

Assistenza tecnica e rafforzamento delle capacità dei Pvs. La Dichiarazione di Parigi del 2005 ribadisce l'importanza di un impegno dei donatori per il rafforzamento delle capacità tecniche e gestionali nei Pvs, quale condizione fondamentale per accrescere l'efficacia degli aiuti. Autorevoli analisi concordano nell'individuare nella carenza di adeguate risorse umane e istituzionali la principale causa del ritardo di sviluppo di molti Pvs, specialmente in Africa. Questa mancanza si manifesta, ad esempio, nella difficoltà di analisi, formulazione e attuazione delle politiche economiche da parte dei governi e delle amministrazioni pubbliche di questi paesi.

La cooperazione tecnica, che si prefigge proprio di rafforzare il fattore umano e istituzionale, è da sempre una priorità e al contempo uno degli aspetti più controversi e criticati della Pcs. Tra il 1960 e il 2003 sono stati spesi in cooperazione tecnica oltre 460 miliardi di dollari (a prezzi costanti del 2003), pari a un quinto di tutto l'Aps speso nello stesso periodo. L'importanza di questo tipo di assistenza è andata crescendo nel corso dell'ultimo decennio, arrivando a rappresentare quasi un terzo del totale.

Nonostante questi ingenti investimenti, molti osservatori giudicano ancora inadeguato il grado di sviluppo istituzionale nella gran parte dei Pvs. Paradossalmente, questa inadeguatezza limita anche la capacità delle amministrazioni locali di assorbire e gestire in maniera efficace gli aiuti, inclusi quelli destinati alla cooperazione tecnica.

Di fronte a risultati inferiori alle attese e a critiche sempre più diffuse sulla reale efficacia di questa forma di cooperazione, tra i paesi donatori si è avviata una riflessione sulle tradizionali forme di assistenza tecnica, spesso basate sull'utilizzazione di esperti inviati dalle capitali a costi assai elevati e sulla formazione di funzionari dei Pvs.

Sulla cooperazione tecnica, già il Dac nel 1991 aveva promosso un riesame dei principi in un documento che definiva nuovi orientamenti in tale materia. In un bilancio di circa 30 anni di interventi, mentre si riconoscono alcuni effetti positivi, identificati soprattutto nella formazione di un gran numero di funzionari e di quadri, nello scambio culturale e nell'accresciuta conoscenza e comprensione reciproca derivante da tale attività, vengono indicati i limiti di tale strumento: costo eccessivo degli espatriati, difficoltà del loro inserimento nelle amministrazioni dei paesi partner – anche per lo squilibrio tra il trattamento economico a loro riservato e lo stipendio dei funzionari locali – ed enfasi eccessiva sui requisiti di attuazione dei progetti, con il risultato che l'assistenza tecnica è divenuta sempre più un'attività imposta dai donatori, mentre i paesi beneficiati svolgono spesso un ruolo da spettatori. Considerato che l'assistenza viene generalmente fornita gratuitamente, i beneficiari tendono ad accettarla, a prescindere da valutazioni di reale necessità e senza considerare il costo opportunità implicito (le risorse umane del beneficiario e finanziarie del donatore potrebbero essere utilizzate per scopi alternativi).

La riflessione sull'efficacia della cooperazione tecnica, maturata con una serie di studi paese nei primi anni Novanta, porta a identificare nuovi orientamenti per accrescerne l'efficacia. L'obiettivo prioritario deve essere quello della costruzione di capacità sostenibili in seno all'amministrazione del paese beneficiario. I paesi beneficiari devono avere un ruolo centrale nella programmazione dell'assistenza tecnica e occorre privilegiare un approccio «programma», piuttosto che singoli progetti isolati. Va incoraggiata la responsabilità diretta e il controllo da parte dei beneficiari, con una larga partecipazione delle ONG locali, e si deve far ricorso il più possibile all'uso di esperti locali. La fornitura di assistenza tecnica dovrebbe seguire il principio dell'intervento di ultima istanza, vale a dire far ricorso a esperti espatriati solo dopo che sono state esplorate tutte le alternative locali disponibili. I programmi di cooperazione dovrebbero essere integrati nelle strategie settoriali del paese beneficiario ed essere inclusi nei bilanci nazionali. I donatori dovrebbero coordinare tra loro i propri programmi e renderli coerenti con le priorità definite nelle strategie nazionali del paese partner. I governi locali dovrebbero attribuire a un solo ministero la competenza di coordinare i programmi e le procedure per l'assistenza tecnica.

Aumentare la coerenza delle politiche

Il raggiungimento degli MDG richiede tanto la mobilitazione di risorse importanti, quanto, se non in misura ancora maggiore, l'attuazione di un insieme di politiche adeguate, coerenti con l'obiettivo dello sviluppo, da parte sia dei PVS che dei paesi industrializzati. Gli sforzi tesi ad aumentare gli aiuti e rendere la cooperazione più efficiente sono vani, se le politiche attuate dai governi donatori in altri settori non contribuiscono a determinare un quadro economico, politico e istituzionale favorevole allo sviluppo. Al contempo, quegli stessi sforzi sono utili solo se i paesi beneficiari si impegnano a creare le condizioni necessarie perché gli aiuti funzionino.

Come si ricorderà dal capitolo 2, l'APS non è la sola, e talvolta nemmeno la principale, fonte di finanziamento dei PVS. Negli anni recenti, i flussi di investimenti privati sono stati dello stesso ordine di grandezza dell'APS. Le rimesse degli emigrati rappresentano un'altra importante (e crescente) fonte di finanziamento, stimata in oltre 115 miliardi di dollari nel 2003. Infine, non sono da dimenticare i frutti del commercio estero. Le esportazioni totali dei PVS sono cresciute del 10% l'anno nel corso degli anni Novanta, un ritmo più sostenuto della media mondiale. Questa crescita, però, si deve principalmente a un ristretto numero di paesi più avanzati, quali Messico, Cina e Brasile. Nel 2002, le esportazioni dei Pvs ammontavano a 1.550 miliardi di dollari – pari al 25% delle esportazioni mondiali – ma questa cifra scende a 185 miliardi (pari al 3% del totale) quando si considerino solo i paesi più poveri.

I Pvs hanno enormi margini di miglioramento in tutte queste aree e i flussi di risorse addizionali generati contribuirebbero a finanziare il raggiungimento degli Mdg. La possibilità di concretizzare queste opportunità dipende in gran parte dai Pvs stessi, dalla volontà dei loro governi di adottare politiche propizie alla crescita e dalla capacità delle loro imprese di operare efficientemente. In effetti, con il Consenso di Monterrey, i governi dei Pvs hanno affermato di volere assumere la responsabilità del proprio sviluppo e di attuare le riforme necessarie. Un'iniziativa importante in tal senso è la creazione in Africa della New partnership for African development (Nepad), di cui parleremo tra poco.

D'altra parte, le politiche adottate dai paesi industrializzati nel campo del commercio internazionale, dell'agricoltura, degli investimenti, della sicurezza, dell'ambiente, della migrazione, della tutela della proprietà intellettuale, per citare solo le principali, hanno un impatto decisivo sui Pvs.

Quella della coerenza è una delle sfide più importanti e difficili per i donatori, non da ultimo per l'oggettiva difficoltà a ricomporre interessi, talvolta divergenti, caratterizzanti le diverse aree dell'azione di governo. Per questo motivo, alcuni paesi si sono dotati di linee di indirizzo, o addirittura quadri legislativi, per garantire la coerenza tra politiche di cooperazione, commerciali, industriali e migratorie. Svezia e Olanda hanno creato dei meccanismi istituzionali per promuovere la coerenza delle politiche a livello governativo, con una consultazione permanente interministeriale, onde esaminare l'impatto sullo sviluppo dei paesi poveri delle principali scelte di politica economica a livello nazionale, europeo e internazionale.

Nel campo specifico della gestione degli aiuti, la coerenza si misura principalmente rispetto alle modalità di collaborazione e coordinamento tra donatori, allo slegamento degli aiuti e all'allineamento dei programmi di cooperazione con le priorità del paese partner, discusse nelle pagine precedenti. Il DAC ha adottato una raccomandazione che prevede lo slegamento degli aiuti ai paesi meno avanzati già a partire dal 1° gennaio 2002. La pratica dell'aiuto legato resta comunque ancora diffusa, paradossalmente anche tra i donatori emergenti, come l'India e la Cina, che hanno avuto modo di criticarla in passato in qualità di destinatari di aiuti.

La promozione degli scambi e l'apertura dei mercati ai prodotti dei PVS rappresentano uno dei campi dove assicurare la coerenza delle politiche sembra essere più difficile. In particolare, il commercio internazionale di prodotti agricoli registra una palese incoerenza. Da un lato, i donatori offrono ai PVS aiuti per aumentare e diversificare la produzione agricola destinata all'esportazione; dall'altro, la politica commerciale e i sussidi erogati dai governi dei paesi industrializzati ai propri agricoltori limitano le possibilità di accesso ai mercati per le esportazioni dei PVS.

Questo è un punto che vale la pena approfondire, poiché la politica agricola dei paesi industrializzati non è solo incoerente (rispetto agli obiettivi della PCS), ma spesso anche inefficace nel supportare i piccoli produttori nei paesi industrializzati. L'OCSE ha stimato che questa politica è molto costosa, 315 miliardi di dollari nel 2002, gravando su ogni nucleo familiare per 1.200 dollari l'anno, senza peraltro creare benefici rilevanti per i settori agricoli più poveri. I ministri dei paesi OCSE hanno concordato una serie di principi per la riforma dell'agricoltura sin dal 1987, ma i progressi sono stati limitati.

Come si ricorderà dalla discussione sulla cooperazione della Comunità europea, i principali paesi industrializzati garantiscono un accesso preferenziale alla maggior parte dei prodotti provenienti dai PVS, soprattutto dai paesi meno avanzati. Un esempio in tal senso è l'iniziativa *Everything but arms* dell'UE che azzera i dazi sulle importazioni provenienti dai paesi più poveri su tutti i prodotti, eccetto gli armamenti. Iniziative come questa dovrebbero aumentare la coerenza tra politiche commerciali e di cooperazione. Purtroppo, alcuni prodotti particolarmente importanti per questi paesi (ad esempio riso e zucchero) sono stati temporaneamente esclusi dall'iniziativa, al fine di proteggere i produttori europei, e sono ancora soggetti a tariffe e quote. Ad oggi, i consumatori europei pagano un chilo di zucchero un prezzo tre volte superiore al prezzo mondiale, mentre i produttori dei Pvs, che potrebbero esportarlo ad un prezzo inferiore, non possono farlo nella misura che vorrebbero.

Un altro esempio di incoerenza si osserva nel campo delle politiche migratorie. Da un lato, l'assistenza tecnica aiuta molti Pvs a formare importanti figure professionali, che scarseggiano nei Pvs (ad esempio medici e infermieri). D'altra parte, le politiche di ingresso selettive, adottate da certi paesi, favoriscono l'immigrazione di lavoratori qualificati, impoverendo seriamente i paesi emissari delle loro migliori risorse umane. Secondo l'Organizzazione mondiale per la sanità, ogni anno 23 mila tra medici e infermieri lasciano l'Africa per dirigersi verso paesi più sviluppati. Nel solo Regno Unito sono stati recensiti, nel 2004, oltre 10 mila dottori formatisi in Africa. Il continente subsahariano, abitato da quasi 700 milioni di persone, può contare oggi su un corpo medico e paramedico di 800 mila persone, vale a dire circa 1 ogni mille persone (comparato a 10 per mille nei paesi OCSE). Visto che la formazione di un medico costa, all'incirca, 100 mila dollari, l'esodo rappresenta una perdita enorme per l'Africa. Se è vero che la migrazione di queste figure professionali è una risposta «razionale» ai bassi salari e alle precarie condizioni di lavoro nei paesi d'origine, e che le rimesse inviate a casa contribuiscono al sostentamento di intere famiglie, la situazione resta comunque insostenibile. Si stima che l'Africa necessiti di almeno un milione di persone in più nella professione medica. Il rapporto della Commissione Blair sull'Africa ha invitato i paesi del G8 a investire di più per migliorare i sistemi sanitari africani e raddoppiare il personale medico, in tandem con massicci investimenti per garantire l'accesso a farmaci essenziali contro le epidemie che sconvolgono il continente. Resta da vedere se queste risorse saranno sufficienti per trattenere i medici nel continente.

Assumersi la responsabilità del proprio sviluppo: l'esempio della *NEPAD*. L'esperienza degli ultimi decenni mostra come il perdurare della corruzione, la cattiva gestione delle risorse pubbliche e la protezione di interessi particolari, a scapito dell'interesse generale, ostacolino la crescita, scoraggino la mobilitazione delle risorse per lo sviluppo e riducano l'efficacia degli aiuti.

Il nuovo partenariato per lo sviluppo africano, NEPAD, è un'iniziativa promossa da alcuni leader africani (del Sudafrica, del Senegal, della Nigeria, dell'Algeria e dell'Egitto) nel 2000, per affermare una nuova visione delle strategie di sviluppo del continente. I governi africani riconoscono che la chiave dello sviluppo dell'Africa sta anzitutto nelle mani dei governi e delle società dei paesi africani e che non ci può essere crescita e sviluppo senza buon governo e si impegnano ad attuare tutte le misure necessarie per sostenere questo processo.

La proposta, che riunisce il Piano Omega del presidente senegalese Abdoulaye Wade e il *Millennium Africa recovery plan* del presidente sudafricano Thabo Mbeki, viene presentata al vertice G8 di Genova del 2001. L'Unione Africana, che raggruppa tutti gli Stati del continente, adotta rapidamente questa iniziativa, cui viene affidato il compito di perseguire gli obiettivi di sviluppo dell'Unione.

Gli obiettivi dichiarati della NEPAD sono lo sradicamento della povertà e la promozione di una crescita e sviluppo sostenibili. A tal fine, i governi si impegnano a promuovere la democrazia, lo stato di diritto e il buon governo economico, ad investire nei settori sociali di base e per il miglioramento del ruolo delle donne, a favorire una migliore integrazione dell'Africa nei processi di globalizzazione.

In Africa, già negli anni Ottanta con il Piano d'azione di Lagos, e negli anni Novanta con la firma del Trattato di Abuja, istitutivo della Comunità economica africana, si era dato vita a iniziative africane per rilanciare lo sviluppo del continente. La novità della NEPAD consiste nell'affermazione di un nuovo tipo di partenariato con i paesi industrializzati, basato sulla reciproca assunzione di responsabilità quale condizione fondamentale per raggiungere gli obiettivi di sviluppo.

Per rendere credibile tale approccio, i governi africani hanno deciso di istituire un meccanismo di esame tra pari (*African peer review mechanism*), adattato da quello dell'OCSE, che dovrà monitorare i progressi realizzati dai paesi aderenti all'iniziativa nelle aree prioritarie per lo sviluppo, sopra descritte. Ad oggi, 25 dei 53 paesi membri dell'Unione Africana hanno formalmente accettato di sottoporre le proprie politiche allo scrutinio dei loro pari. I primi due volontari, Ghana e Ruanda, hanno presentato i risultati di questo esercizio nel luglio 2005.

La rilevanza del progetto è anche dovuta all'adesione dei grandi paesi industrializzati a tale iniziativa. Nel vertice di Kananaskis, viene adottato un Piano d'azione del G8 per l'Africa. I leader del G8 si impegnano a destinare ai paesi africani, concretamente impegnati all'attuazione delle linee guida definite dalla NEPAD, almeno la metà delle risorse addizionali di APS annunciate a Monterrey. Parallelamente, si sviluppa una collaborazione tra OCSE e NEPAD, finalizzata a promuovere un meccanismo congiunto di revisione dell'efficacia degli aiuti e uno scambio di esperienze in materia di esame tra i pari, strumento utilizzato dall'OCSE sin dalla sua istituzione.

Le affermazioni di principio dei governi africani e dei leader del G8 rappresentano, sicuramente, un cambiamento qualitativo rispetto ad altre iniziative del passato. È ancora presto, però, per giudicare il grado di successo della NEPAD. Nel dibattito svoltosi nei paesi africani su tale iniziativa, sembra emergere la preoccupazione che il processo, una volta superata la fase iniziale, caratterizzata da un'iniziativa di leader politici continentali, coinvolga maggiormente le forze locali, dai sindacati, alle imprese, alle organizzazioni della società civile. Un'altra preoccupazione riguarda la sostenibilità ed efficacia del meccanismo di *peer review*, quando si troverà ad esaminare paesi notoriamente non democratici e mal governati, quali lo Zimbabwe.

Ridurre la vulnerabilità dei Pvs

La vulnerabilità agli shock economici, naturali e all'esplosione di conflitti armati spesso vanifica gli sforzi di governi e donatori per sostenere la crescita e aumentarne l'impatto sulla povertà. Le catastrofi e i conflitti colpiscono indistintamente la popolazione, ma tendono ad avere conseguenze più gravi e durature per le fasce più deboli. All'origine di questa vulnerabilità stanno spesso cause che i governi locali, anche con l'aiuto dei donatori, possono effettivamente alleviare, se non rimuovere.

La maggioranza dei paesi a basso reddito è ancora caratterizzata da una struttura produttiva estremamente fragile e concentrata, dipendente dall'esportazione di pochi prodotti, generalmente materie prime soggette a frequenti fluttuazioni di prezzo. Una caduta del prezzo mondiale di questi beni, come accaduto ad esempio nel caso del caffè, può portare alla rovina interi villaggi. D'altra parte, un forte aumento del prezzo può indurre a concentrare tutti gli sforzi su questo bene, trascurando le altre attività produttive. Questo è il caso ad esempio del Gabon, un paese ricco di petrolio, che non ha sviluppato alcun altro tipo di industria, e le cui fortune dipendono unicamente dall'andamento del prezzo del barile e dalla rapidità con cui i suoi giacimenti si esauriranno.

La diversificazione dell'economia è una priorità, che figura in maniera prominente nelle strategie di sviluppo di molti Pvs e nei programmi di cooperazione dei donatori. L'esperienza dei paesi che sono riusciti a diversificare la propria economia indica che non esiste una sola «ricetta». Ci sono, però, alcuni ingredienti comuni a questi casi di successo. Tra questi, la capacità del governo di vincere la resistenza al cambiamento degli interessi costituiti e coordinare i diversi attori economici attorno ad una strategia comune per lo sviluppo di nuovi settori di attività. Un altro aspetto importante è l'uso sapiente dei guadagni associati agli accordi commerciali preferenziali e agli eventuali boom dei prezzi dei prodotti esportati, per investire in educazione, infrastrutture e sostegno all'imprenditoria. Dal canto loro, i paesi industrializzati hanno sottoscritto, con la Dichiarazione di Doha, un impegno preciso a favorire la diversificazione delle esportazioni dei paesi meno avanzati, sia garantendo loro un migliore accesso ai propri mercati, sia attraverso interventi mirati di cooperazione tecnica.

Una seconda vulnerabilità riguarda i disastri associati a calamità naturali (siccità, inondazioni, terremoti), le cui ripercussioni possono annientare anni di progressi. I Pvs sono particolarmente vulnerabili a disastri naturali, perché combinano un'elevata esposizione al rischio di calamità (dovuta al concentrarsi della maggior parte dei rischi naturali in certe zone climatiche, dove sono localizzati la maggior parte dei Pvs) con un'inadeguata capacità di prevenzione, di mitigazione delle conseguenze e di reazione. In altre parole, nei Pvs è più probabile che una certa calamità naturale si trasformi in un disastro (comporti cioè elevati costi umani e monetari). Ad esempio, l'uragano Mitch, che ha colpito i paesi centroamericani nel 1998, ha avuto conseguenze assai diverse in termini di costi nei differenti paesi. I paesi più poveri (Honduras e Nicaragua) hanno subito conseguenze più pesanti e durature dei loro vicini più avanzati (El Salvador e Guatemala). Le Nazioni Unite stimano che, benché solo l'11% delle persone esposte a calamità naturali viva nei paesi meno sviluppati, oltre il 50% delle morti dovute a disastri si concentra in questi paesi.

La comunità internazionale ha un ruolo da giocare, in concerto coi paesi interessati, per ridurre la vulnerabilità di questi paesi e mitigare le conseguenze disastrose delle – talvolta inevitabili – calamità naturali. Gli aiuti possono contribuire sia alla prevenzione dei disastri, ad esempio creando sistemi di monitoraggio, di condivisione delle informazioni e di allarme (*early warning systems*), sia alla risposta, finanziando fondi per fronteggiare le situazioni di emergenza e favorire la ricostruzione. Dal canto loro, i paesi vulnerabili hanno la responsabilità di adottare politiche che minimizzino le conseguenze dei disastri, ad esempio in termini di pianificazione urbana e di politica territoriale, ma anche di libera circolazione dell'informazione. Secondo Amartya Sen, il motivo per cui l'India è stata tradizionalmente meno colpita da carestie rispetto alla Cina è il suo sistema politico più democratico, la presenza di mezzi di informazione liberi e ad ampia diffusione, che hanno permesso una tempestiva circolazione delle informazioni in casi di emergenza.

Infine, questi paesi sono particolarmente proni allo scoppio di conflitti armati, soprattutto interni. L'esperienza di numerosi paesi africani insegna che questi conflitti sono spesso causati dal persistere di squilibri nelle opportunità di sviluppo per vari gruppi sociali, etnici o religiosi. La diversa appartenenza religiosa, o etnica, è però raramente la causa scatenante dei conflitti; attorno a queste differenze si inaspriscono e radicalizzano contrasti latenti, relativi all'accesso alle risorse economiche. La tutela dei diritti e la promozione di un accesso più equo alle risorse è una condizione che tutti i Pvs dovranno necessariamente affrontare, per garantire la sostenibilità del proprio sviluppo.

Quale ruolo può giocare la comunità internazionale nella prevenzione dei conflitti, nella mitigazione delle loro conseguenze e nella restaurazione della pace?

Il contributo della cooperazione nella prevenzione dei conflitti. Nella Dichiarazione del millennio, l'obiettivo della pace, della sicurezza e della prevenzione dei conflitti è integrato con quello dello sviluppo e della lotta contro la povertà. Nel 2001, il DAC ha definito nuove linee guida sul ruolo della cooperazione nella prevenzione dei conflitti, che sviluppano ulteriormente alcune riflessioni contenute in un documento del 1997 sullo stesso tema.

Nelle nuove linee guida, le agenzie dei donatori sono chiamate a rafforzare il proprio impegno per la prevenzione dei conflitti, per la pacificazione (*peace building*) e il mantenimento della pace (*peace keeping*) nei paesi che fuoriescono da situazioni di conflitti violenti. La novità principale del documento riguarda l'affermazione di un impegno dei donatori, congiuntamente ad altri settori governativi e ad altri attori della comunità internazionale, non soltanto dopo ma anche prima e durante l'insorgere di conflitti violenti.

L'obiettivo è quello di integrare la prevenzione dei conflitti nelle politiche per lo sviluppo, introducendo il concetto di «stabilità strutturale» del paese, che comprende politiche di pacificazione sociale, di tutela dei diritti umani e del rispetto della legge, insieme a programmi di sviluppo economico e sociale. Un sistema di politiche, quindi, che mettano il paese in condizione di gestire i processi di cambiamento e risolvere pacificamente le tensioni inerenti.

La nuova attenzione alla prevenzione dei conflitti e alla sicurezza, estesasi dopo gli attentati alle Torri Gemelle dell'11 settembre 2001 anche alla lotta contro il terrorismo, è legata alle preoccupazioni della comunità internazionale sui pesanti effetti del moltiplicarsi dei conflitti sulle prospettive di sviluppo dei paesi poveri. Dalla fine della guerra fredda, si calcola che i conflitti abbiano provocato oltre 5 milioni di morti, colpendo in particolare i paesi meno avanzati. Venti dei trentotto paesi più poveri al mondo sono colpiti da conflitti, che costituiscono anche una delle principali cause dell'indebitamento di tali paesi e sono spesso all'origine dei crescenti flussi di immigrazione, più o meno clandestina, osservati negli ultimi anni. Un gruppo di ONG inglesi ha stimato che, nel Regno Unito, tre domande di asilo su quattro sono presentate da persone che provengono da paesi in situazione di conflitto.

La prevenzione dei conflitti e la sicurezza diventano, quindi, una delle priorità nelle strategie di riduzione della povertà. Le agenzie di cooperazione devono costruire, assieme ai paesi partner, programmi di prevenzione sia a livello nazionale che regionale, a seconda della dimensione dei rischi. Insieme a programmi di rafforzamento delle istituzioni, di sostegno a processi di democratizzazione, di riconciliazione, di maggiore integrazione delle diverse comunità, oltre a quelli di carattere economico e sociale nelle aree più povere o vulnerabili, l'assistenza alla riforma dei sistemi di sicurezza dei Pvs è una delle priorità della comunità internazionale. In tal senso, l'impegno dei donatori deve mirare anche a rafforzare il controllo da parte degli organi civili (inclusi gli organi parlamentari competenti) delle forze di sicurezza.

Gli eventi dell'11 settembre 2001 hanno condotto il Dac ad estendere l'analisi e la riflessione sulla prevenzione dei conflitti alla lotta contro il terrorismo. Anche in questo caso, la cooperazione allo sviluppo può aiutare ad affrontare alcune delle cause del fenomeno: alti tassi di povertà e disoccupazione, l'esistenza di un sentimento di marginalizzazione, di isolamento o di esclusione, l'assenza di istituzioni rappresentative, l'aggravamento delle ineguaglianze. I programmi di lotta alla povertà costituiscono quindi anche una risposta ad una delle cause del terrorismo. Ma tale risposta non è sufficiente.

Una lezione, che i donatori hanno tratto da situazioni come quelle dell'Afghanistan, paese rimasto a lungo totalmente isolato dalla comunità internazionale, divenendo preda di organizzazioni terroristiche, è che occorre, per quanto possibile, mantenere una presenza anche in situazioni nelle quali il partenariato appare impraticabile, mirando a preservare rapporti con organizzazioni e aree della società civile, oltre che con istituzioni locali.

Un ruolo particolarmente importante può essere svolto dai donatori nei processi di pace, nei quali si devono sostenere attività di costruzione di un clima di fiducia tra le differenti parti coinvolte nel processo, facilitando il dialogo tra le organizzazioni e le istanze della società civile, favorendo l'istituzione di meccanismi di *early warning* attorno a questioni sensibili, che possono riaccendere conflitti, sostenendo politiche per la difesa dei diritti umani e promuovendo la partecipazione delle donne. In generale, i donatori sono chiamati a favorire la riapertura di canali di comunicazione tra le parti coinvolte nel conflitto. Nelle azioni di pacificazione, un obiettivo prioritario è quello della costruzione di istituzioni rappresentative funzionanti e del sostegno al dialogo permanente tra Stato e società civile.

Nelle situazioni di conflitto, anche il mondo degli affari deve assumere responsabilità e comportamenti coerenti con l'obiettivo della pacificazione. I donatori possono contribuire all'adozione da parte del settore privato di comportamenti virtuosi, sostenendo le capacità dei governi locali a istituire quadri giuridici e regimi di *corporate governance* per combattere la corruzione e i legami tra criminalità e impresa, soprattutto nel settore dell'estrazione delle materie prime. L'adozione di specifici codici di condotta, quali la Extractive industries transparency initiative (EITI) lanciata in occasione del vertice mondiale sullo sviluppo sostenibile a Johannesburg nel 2002 è un esempio in tal senso.

Sensibilizzare l'opinione pubblica: il ruolo dell'educazione allo sviluppo

Nel corso degli ultimi anni si è assistito a una crescente mobilitazione della comunità internazionale e dei leader dei principali paesi industrializzati per la lotta alla povertà, come testimoniato dall'adozione degli MDG e dalla centralità dell'Africa nei recenti vertici del G8.

L'impegno per una maggiore efficacia degli aiuti e coerenza delle politiche rappresenta un fondamentale passo in avanti verso il raggiungimento di questi obiettivi e la realizzazione di un mondo più giusto e solidale. Tuttavia, questi impegni, per quanto importanti, non sono sufficienti.

L'esperienza degli ultimi cinquant'anni ci insegna che impegni e piani di lotta alla povertà sono stati lanciati anche in passato, ma non necessariamente rispettati. Sicuramente, con gli anni Novanta, si registra un maggiore consenso e convergenza di vedute su come conseguire questi obiettivi, nonché un aumento degli aiuti che lascia ben sperare.

Il rischio rimane, però, che, finiti i grandi meeting internazionali e i concerti di solidarietà, i problemi dello sviluppo vengano ancora una volta dimenticati, o relegati in secondo piano. Le agenzie di cooperazione si trovano spesso in posizione subordinata nei governi, mentre altre priorità, rispetto a quella della lotta alla povertà, tendono ad essere privilegiate. Solo un concreto supporto e controllo democratico da parte dell'opinione pubblica sull'operato del governo in materia di cooperazione, coerenza e mantenimento degli impegni presi può assicurare che l'attenzione al sottosviluppo non sia una moda passeggera. È interessante notare come molto raramente i temi dello sviluppo internazionale compaiano nei programmi politici sui quali gli elettori sono chiamati ad esprimersi in sede di voto.

Varie inchieste demoscopiche mostrano come il supporto dell'opinione pubblica alla cooperazione internazionale sia stato costantemente elevato durante gli ultimi vent'anni. Una larga maggioranza dei cittadini dei paesi Ocse si dichiara favorevole a che i governi forniscano aiuti ai Pvs e a che gli aiuti aumentino.

Purtroppo, i cittadini hanno spesso una conoscenza limitata delle problematiche dello sviluppo, tendono a identificare la cooperazione con l'assistenza umanitaria in casi di crisi e hanno solo una vaga idea circa la politica di cooperazione attuata dal proprio governo.

I capitoli di questo libro mostrano come le problematiche dello sviluppo siano assai più ampie delle questioni umanitarie e che, in certi casi, affrontare queste problematiche permetterebbe di ridurre la vulnerabilità dei Pvs alle stesse calamità naturali e ai conflitti. Sfortunatamente, temi quali la liberalizzazione commerciale e la promozione del settore privato, la lotta alla corruzione, il rafforzamento delle capacità umane e istituzionali nei Pvs ricevono poca attenzione da parte del cittadino medio. Inoltre, la gran parte dei cittadini interrogati sovrastima l'apporto finanziario del proprio governo alla Pcs. Dei due terzi, che affermano di avere un'idea della spesa in cooperazione, la metà colloca questa cifra fra l'1 e il 10% del reddito nazionale, l'altra metà, più realisticamente, al di sotto dell'1%.

Questa carente consapevolezza limita la capacità della società civile di svolgere il proprio ruolo di stimolo e controllo dell'azione pubblica, ruolo necessario per aumentare la trasparenza, la legittimità e l'efficacia di tale azione. Un'opinione pubblica più consapevole garantirebbe una maggiore attenzione dei governi ai problemi dello sviluppo, problemi che hanno ripercussioni globali. Inoltre, questo coinvolgimento offrirebbe maggiore sostegno alle agenzie di cooperazione nell'affermare la propria agenda politica in seno al governo.

Fatte salve alcune eccezioni, le agenzie di cooperazione hanno delle oggettive difficoltà a comunicare ed educare l'opinione pubblica circa queste tematiche. C'è poco dibattito pubblico, mentre l'educazione allo sviluppo in ambito scolastico stenta ad affermarsi ed è spesso lasciata ad interventi estemporanei di volontari.

Che fare, allora, per migliorare la consapevolezza sulle problematiche dello sviluppo e rafforzare il supporto dell'opinione pubblica? Sicuramente, aumentare i fondi destinati alle campagne di sensibilizzazione e di educazione allo sviluppo. I fondi spesi dall'insieme dei paesi Dac per campagne di sensibilizzazione ammontano a meno di quanto una grande impresa spende per la campagna pubblicitaria del suo prodotto più importante. Maggiori risorse non sono però sufficienti. È necessario migliorare la qualità degli interventi e, soprattutto, inserire in maniera più organica l'educazione allo sviluppo nei programmi scolastici. Ad oggi, l'educazione allo sviluppo consiste principalmente in attività di formazione di risorse umane e professionali per il loro inserimento nelle attività di cooperazione, svolte da volontari e ONG. Questa è sicuramente una risorsa importante, cui fare riferimento, che deve però essere accompagnata da interventi sistematici di sensibilizzazione e informazione in ambito scolastico, fondati su una conoscenza adeguata e obiettiva dei fenomeni dello sviluppo e della globalizzazione. La scuola dovrebbe offrire agli studenti la possibilità di approfondire questi temi e sviluppare un'opinione critica. Maggiore attenzione, inoltre, dovrebbe essere dedicata alla conoscenza, rispetto e valorizzazione delle differenze, alla difesa dei diritti umani, all'analisi dell'interdipendenza globale e al rispetto dell'ambiente.

Conclusioni

All'inizio di questo volume ci siamo interrogati sul perché e sul come della cooperazione allo sviluppo. La ricostruzione storica e del dibattito economico sottostante ha evidenziato come, a prescindere da considerazioni etiche e di giustizia, che restano comunque molto importanti, la risoluzione dei problemi dello sviluppo resti prioritaria e nell'interesse di tutti. Si tratta di problemi globali, che hanno conseguenze intollerabili per milioni di cittadini nei Pvs e ripercussioni negative – talvolta insospettate – anche sulla nostra vita quotidiana. Degradazione ambientale, scoppio di conflitti, diffusione di epidemie sono fenomeni spesso causati dal persistere del sottosviluppo che affligge gran parte della popolazione del pianeta. La fuoriuscita di queste persone dalla povertà non è solo un imperativo morale, ma anche una necessità, per evitare che questi squilibri esplodano in maniera irreversibile. Un mondo più sviluppato e con minori ineguaglianze non è solo un mondo più giusto, ma è anche un mondo più sicuro per tutti.

Gli aiuti possono contribuire in maniera importante alla crescita e alla riduzione della povertà, e aggiungersi ad altre fonti di finanziamento quali il commercio internazionale, gli investimenti locali e dall'estero e le rimesse degli emigrati. Perché questo possa accadere, è necessario però che i paesi beneficiari siano in grado di assorbire gli aiuti ricevuti, attuino politiche economiche adeguate a sostenere la crescita e che i donatori adottino politiche coerenti con l'obiettivo dello sviluppo.

Nessun paese può attendere che lo sviluppo e l'eliminazione della povertà arrivino dall'esterno. L'esperienza dei paesi asiatici insegna che le basi della crescita risiedono nel tessuto economico, sociale e istituzionale interno. Ciascun paese deve assumersi la responsabilità del proprio sviluppo, definire le proprie priorità e, di conseguenza, decidere come meglio utilizzare gli aiuti esterni. Può anche accadere che il paese debba rifiutare degli aiuti, perché i benefici ad essi associati sono inferiori ai costi o perché gli aiuti non sono coerenti con i suoi obiettivi di sviluppo. Ciascun paese deve altresì creare le condizioni perché le sue risorse possano essere impiegate fruttuosamente e la globalizzazione possa operare come motore dello sviluppo, anziché fattore di ulteriore emarginazione. Questo significa combattere la corruzione e il malgoverno, adottare politiche economiche prudenti, aprirsi al commercio e agli investimenti internazionali e, soprattutto, investire nella risorsa più importante: le persone.

Analfabetismo, diffusione delle malattie, disuguaglianze e discriminazione sono alcune delle cause profonde del sottosviluppo. Fortunatamente, a differenza delle cause legate a fattori geografici e ambientali, sono anche quelle che possono essere più agevolmente affrontate grazie ad appropriate risorse e politiche pubbliche. Queste sono anche le aree dove la cooperazione può contribuire in maniera decisiva.

Gli investimenti privati in queste aree sono spesso limitati dalle scarse risorse disponibili e dalla miopia o incapacità del mercato di valutarne le conseguenze positive di lungo periodo. Gli aiuti possono allora contribuire a risolvere questa carenza di risorse e questo «fallimento del mercato». Numerosi sono gli esempi che dimostrano la capacità degli aiuti di fare la differenza. Il contributo della cooperazione nella lotta alle malattie endemiche e all'analfabetismo, ad esempio, è stato enorme.

La storia recente ci insegna però che alto è il rischio di un parallelo «fallimento pubblico»: l'incapacità da parte dei governi ad utilizzare tali risorse in modo appropriato o, ancora, l'incapacità dei donatori di erogare gli aiuti in modo efficiente e di adottare politiche coerenti in aree quali il commercio, le migrazioni o l'agricoltura.

Con la fine della guerra fredda si è aperta una nuova era per la cooperazione. L'abbandono dell'utilizzo degli aiuti a fini geopolitici, gli sforzi dei donatori ad aumentarne il volume e l'efficacia, l'adozione della Dichiarazione del millennio e del «Consenso di Monterrey», la maggiore sensibilità politica e assunzione di responsabilità, sia dei donatori che dei governi dei Pvs, rappresentano un'occasione importante per sconfiggere il flagello del sottosviluppo. Bisogna fare tutto il possibile per non lasciarsi sfuggire questa opportunità.

I donatori sono chiamati ad adottare politiche più coerenti con l'obiettivo della lotta alla povertà e ad incoraggiare quei paesi che hanno mostrato di voler assumere la responsabilità del proprio sviluppo, facendo proprie politiche economiche virtuose e lottando contro corruzione e malgoverno. Questi governi dovrebbero poter contare su aiuti più sostanziosi e prevedibili, per un periodo di tempo sufficientemente lungo da consentire loro di affrontare le cause profonde della povertà, innescare un meccanismo di crescita sostenibile e uscire dalla trappola del sottosviluppo. Il successo di alcuni paesi a invertire questo circolo vizioso rappresenterebbe non solo un esempio e una speranza per gli altri paesi, ma contribuirebbe anche a rafforzare ulteriormente il supporto pubblico per la cooperazione e la coerenza delle politiche.

Per concludere: non si può chiedere agli aiuti di risolvere tutti i problemi dello sviluppo. Le risorse dedicate alla cooperazione, benché in aumento, non sono sufficienti (bisogna mobilitarne altre), ci sono altre politiche che incidono sui risultati (da qui la necessità che siano anch'esse pro-sviluppo) e una parte importante di responsabilità è dei Pvs stessi (devono quindi adottare politiche di crescita adeguate). Quello che *si può* e *si deve* chiedere è che gli aiuti siano usati al meglio e gli impegni presi vengano rispettati. La sfida iniziata con la Conferenza di Monterrey è quella di passare dall'aiuto inteso ed erogato come un'elargizione benevola e sporadica, alla costruzione di un partenariato duraturo per lo sviluppo tra donatore e paese beneficiario, basato su una reciproca assunzione di responsabilità, dotato di risorse adeguate ed esteso a tutti gli aspetti che concorrono a promuovere lo sviluppo. C'è sicuramente in atto uno sforzo di valutazione e miglioramento delle politiche di cooperazione, anche attraverso il dialogo e il coinvolgimento dei paesi partner. Le intenzioni sono sicuramente buone. Il problema resta l'attuazione e il mantenimento delle promesse.

L'opinione pubblica, che supporta la cooperazione, ha un ruolo fondamentale in tal senso. Purtroppo, la consapevolezza delle ragioni del sottosviluppo e delle modalità della cooperazione resta limitata. I temi della cooperazione – fatta eccezione per le situazioni di emergenza – sono marginali sui giornali, nel dibattito pubblico e parlamentare. Un'opinione pubblica meglio informata ha maggiori possibilità di controllare l'operato dei propri rappresentanti e delle ONG e, al contempo, garantirebbe un maggiore supporto a coloro che operano nel campo della cooperazione, per evitare che la lotta alla povertà sia una moda passeggera.

Speriamo che questo volume abbia, nel suo piccolo, contribuito a chiarire i temi del dibattito e sollecitato la curiosità, e soprattutto le coscienze, di chi ci legge.

Sigle e glossario minimo

ACP: gruppo dei paesi dell'Africa, Caraibi e Pacifico aderenti alle successive Convenzioni di Lomé e Cotonou.

ADVOCACY: difesa di una posizione, interesse.

AFD: Agence française du developpement (Agenzia francese di sviluppo).

AP: Aiuti pubblici (*Official assistance*, OA).

APE: Accordi di partenariato economico (Economic partnership agreements, EPA). Accordi bilaterali dell'Unione europea con i paesi ACP, raggruppati su base regionale.

APS: Aiuti pubblici allo sviluppo (Official development assistance, ODA).

ASSISTENZA TECNICA: intervento che cerca di contribuire al processo di sviluppo fomentando l'accesso dei cittadini di PVS all'istruzione e alla formazione professionale e sussidiando il contributo di consulenti e personale tecnico.

AZZARDO MORALE: la possibilità che una persona non compia tutti gli sforzi in suo potere per giungere all'obiettivo dell'efficienza. Situazione che si verifica, ad esempio, in contratti di assicurazione quando l'assicurato adotta un comportamento rischioso e non fa tutti gli sforzi necessari per evitare l'avverarsi di un sinistro, conscio che i danni verranno comunque coperti dall'assicurazione.

BANCA MONDIALE: gruppo di istituzioni che ha come obiettivo quello di contribuire all'eliminazione della povertà nel mondo attraverso finanziamenti agevolati e assistenza tecnica.

Ha sede a Washington e ne fanno parte cinque istituzioni: la Banca internazionale per la ricostruzione e lo sviluppo (IBRD), che estende prestiti ai governi dei paesi con redditi *pro capite* relativamente elevati; l'Associazione internazionale per lo sviluppo (IDA), che concede prestiti a interesse zero ai paesi più poveri; la Società internazionale per la finanza (IFC), che presta direttamente a imprese private; l'Agenzia multilaterale per la garanzia degli investimenti (MIGA), che fornisce garanzie agli investitori stranieri per le perdite causate da rischi non commerciali; e il Centro internazionale per la soluzione delle controversie sugli investimenti, che promuove il ricorso a procedure di conciliazione e arbitrato. Le risorse della Banca mondiale sono ottenute emettendo obbligazioni sui mercati internazionali.

BEI: Banca europea degli investimenti (European investment bank, EIB).

BRAIN DRAIN: «fuga di cervelli», fenomeno che indica la perdita di risorse umane associata all'emigrazione di lavoratori qualificati, che non fanno ritorno al paese d'origine.

CE: Commissione europea. L'organismo esecutivo dell'Unione europea. Al suo interno è articolata per Direzioni generali (DG), secondo le diverse aree tematiche. La Commissione europea detiene il diritto esclusivo di iniziativa legislativa. Attuale presidente della Commissione europea è Manuel Barroso.

CONSENSO DI MONTERREY: dichiarazione firmata dai paesi membri delle Nazioni Unite in occasione della Conferenza sul finanziamento dello sviluppo. Delinea gli elementi chiave del nuovo paradigma della cooperazione e identifica gli sforzi necessari da parte dei paesi sviluppati e dei PVS per conseguire gli Obiettivi di sviluppo del millennio.

CONSENSO DI WASHINGTON: termine introdotto dall'economista britannico John Williamson per sintetizzare le prescrizioni di politica economica incluse nei programmi di aggiustamento strutturale attuati dal Fmi e dalla Banca mondiale. Nella sua versione originale, adottata in America Latina dopo la crisi del debito, includeva contenimento della spesa pubblica e rigore finanziario, riforma fiscale, liberalizzazione finanziaria, unificazione del tasso di cambio, privatizzazione, deregolamentazione, apertura agli investimenti esteri e rafforzamento dei diritti di proprietà.

DAC: Development assistance committee (Comitato di aiuto allo sviluppo). Organo dell'OCSE che raggruppa i 22 principali paesi donatori e la Commissione europea.

DFID: Department for international development (Dipartimento per lo sviluppo internazionale).

DGCS: Direzione generale per la cooperazione allo sviluppo.

FAI: Fondo aiuti italiani.

FES: Fondo europeo di sviluppo (European development fund, EDF).

FMI: Fondo monetario internazionale (International monetary fund, IMF). Una delle istituzioni finanziarie internazionali create nella Conferenza di Bretton Woods. Il suo compito è di promuovere la cooperazione monetaria internazionale, la stabilità dei tassi di cambio e la crescita economica e dell'occupazione. L'FMI sorveglia il perseguimento di sane politiche economiche e fornisce assistenza tecnica e aiuti finanziari temporanei ai paesi in crisi. Attualmente ne sono membri 184 paesi.

G7/G8: Gruppo dei sette principali paesi industrializzati – Canada, Francia, Germania, Giappone, Gran Bretagna, Italia e Stati Uniti – riunitosi per la prima volta al castello di Rambouillet vicino a Parigi il 17 novembre 1975. È stato ufficialmente allargato alla Russia nel 1997.

GOVERNANCE: termine con la stessa radice greca di governare, fa riferimento all'arte del tenere il timone, del pilotare. In questo volume si è adottata la definizione dell'UNDP, che la definisce come l'esercizio dell'autorità politica, economica ed amministrativa attraverso i meccanismi, processi ed istituzioni che i cittadini e i gruppi hanno a disposizione per articolare i propri interessi, mediare le differenze ed esercitare diritti ed obblighi legali. Protagonisti della *governance* sono pertanto non solo lo Stato, ma anche il settore privato e la società civile.

GTZ: Gesellschaft für technische Zusammenarbeit (Agenzia per la cooperazione tecnica).

HIPC: Heavily indebted poor countries (Paesi poveri fortemente indebitati).

IBRD: International bank for reconstruction and development (Banca internazionale per la ricostruzione e lo sviluppo). Vedi Banca mondiale.

IDA: International development association (Associazione internazionale per lo sviluppo). Vedi Banca mondiale.

IDE: Investimenti diretti all'estero. Apporto di capitale per aumentare la capacità produttiva all'estero e/o acquisire una partecipazione in un'impresa in un paese diverso da quello dove è domiciliato l'investitore.

IFC: International financial corporation (Società internazionale per la finanza). Vedi Banca mondiale.

IFF: International financial facility (meccanismo di finanziamento internazionale).

ILO: International labour office (Organizzazione internazionale per il lavoro, OIL). Organizzazione delle Nazioni Unite che formula politiche e programmi per promuovere i diritti umani fondamentali, migliorare le condizioni lavorative e di vita e aumentare le possibilità di impiego. L'ILO fissa standard internazionali, aiuta i paesi membri a mettere in pratica le sue raccomandazioni e ne verifica il rispetto a livello nazionale. Fondata nel 1919, ha sede a Ginevra e una struttura tripartita unica nel suo genere, dato che presso i suoi organi sono rappresentati al tempo stesso governi e parti sociali (datori di lavoro e sindacati).

ISI: Industrializzazione per sostituzione delle importazioni (Import substitution industrialisation).

ISTITUZIONI DI BRETTON WOODS: la Conferenza di Bretton Woods, negli Stati Uniti, del 1944 stabilì le regole del sistema finanziario mondiale postbellico, basato sulla parità fissa tra le valute dei vari paesi (le diverse valute erano ancorate al dollaro americano, la cui convertibilità aurea era fissata a 35 dollari l'oncia) e creò il FMI e le istituzioni che fanno capo alla Banca mondiale. La conferenza prevedeva anche un'Organizzazione internazionale per il commercio, la cui creazione è avvenuta solo nel 1995 con l'OMC.

MAE: ministero degli Affari esteri.

MDG: Millennium development goals (Obiettivi di sviluppo del millennio).

MEF: ministero dell'Economia e delle finanze.

MIGA: Multilateral investment guarantee agency (Agenzia multilaterale per la garanzia degli investimenti). Vedi Banca mondiale.

NEPAD: New economic partnership for African development (Nuovo partenariato per lo sviluppo dell'Africa).

OCSE: Organizzazione per la cooperazione e lo sviluppo economico (Organisation for economic co-operation and development, OECD). Istituita nel 1961 per perseguire il «paradigma triangolare» costituito da crescita economica, coesione sociale e stabilità politica. Ne è elemento caratterizzante il sistema di *peer reviews*. L'OCSE ha sede a Parigi e conta attualmente 30 membri a pieno titolo, mentre sono più di 60 i paesi che partecipano come osservatori a differenti comitati.

OMC: Organizzazione mondiale del commercio (World trade organisation, WTO). Organismo con sede a Ginevra, creato nel 1995 – succedendo al GATT (General agreement on trade and tariffs, fondato nel 1947) – preposto alla liberalizzazione del commercio e all'abbassamento delle barriere tariffarie. L'OMC aiuta i PVS ad inserirsi nel sistema economico internazionale, con l'assistenza sia tecnica sia giuridica e conta attualmente 149 membri.

ONG: Organizzazioni non governative. Tra le più note: la Croce rossa internazionale (CRI), Médecins sans Frontières (MSF), Caritas, Care e OXFAM.

OWNERSHIP: qui intesa come l'appropriazione del processo decisionale da parte degli attori locali.

PAC: Politica agricola comune (Common agricultural policy, CAP). Varata nel 1962 per istituire un mercato unico dei prodotti agricoli. Secondo l'art. 33 del Trattato di Roma, ha come obiettivi incrementare la produttività dell'agricoltura, assicurando un tenore di vita equo alla popolazione rurale, stabilizzare i mercati, garantire la sicurezza degli approvvigionamenti e assicurare prezzi ragionevoli ai consumatori. Un obiettivo importante della PAC è la valorizzazione del ruolo multifunzionale dell'agricoltura e la salvaguardia delle specificità del modello europeo di agricoltura.

PCS: Politica di cooperazione allo sviluppo.

PEER REVIEW: letteralmente «esame ad opera dei pari grado», indica un sistema di sorveglianza multilaterale nel quale i membri di un'organizzazione sottopongono le proprie azioni (politiche) all'esame degli altri membri. L'OCSE collabora con il NEPAD alla creazione di un sistema di questo tipo in Africa.

PIL: Prodotto interno lordo (Gross domestic product, GPD). Il valore di tutti i beni e servizi finali prodotti da un paese in un determinato periodo di tempo utilizzando i fattori produttivi all'interno del paese stesso.

PMA: Paesi meno avanzati (Least developed countries, LDC). Sono i paesi riconosciuti dall'ONU come nazioni a basso reddito che devono affrontare impedimenti di lungo periodo nella loro crescita economica. Sono definiti in base al concorrere di tre caratteristiche: reddito annuo *pro capite* inferiore a 750 dollari USA, un basso livello di sviluppo umano (calcolato in base a indicatori di nutrizione, salute, educazione e alfabetizzazione) e un'elevata vulnerabilità economica (calcolata in base a vari indicatori inerenti alla struttura economica e alla vulnerabilità a calamità naturali). La lista, aggiornata ogni tre anni, include nel 2005 cinquanta paesi.

PNL: Prodotto nazionale lordo (Gross national income, GNI). Il valore di tutti i beni e servizi finali prodotti da un paese in un determinato periodo di tempo, ivi inclusi i beni e servizi prodotti all'estero, ma realizzati con fattori produttivi appartenenti a residenti del paese stesso.

PRSP: *Poverty reduction strategy paper* (Documento strategico per la riduzione della povertà).

PVS: Paesi in via di sviluppo. In senso lato indica i paesi che non hanno ancora raggiunto un livello di sviluppo economico e umano paragonabile a quello dei paesi industrializzati. Il gruppo include paesi a vari stadi di sviluppo, tra cui i 50 PMA. La lista aggiornata è disponibile sul sito internet del ministero degli Affari esteri (www.esteri.it).

SAP: *Structural adjustment program* (Programma di aggiustamento strutturale).

SIDA: Swedish international development cooperation agency (Agenzia svedese di cooperazione internazionale allo sviluppo).

STAKEHOLDERS: tutti coloro che hanno un interesse in un processo decisionale.

TASSA TOBIN: tassa sulle transazioni valutarie proposta dal premio Nobel James Tobin nel 1978 con lo scopo di disincentivare le transazioni ad alta frequenza, generalmente motivate da meri fini speculativi.

UE: Unione europea.

UNCTAD: United Nation conference on trade and development (Conferenza delle Nazioni Unite per il commercio e lo sviluppo). Organo dell'assemblea generale delle Nazioni Unite i cui principali obiettivi sono massimizzare il commercio e le opportunità di sviluppo dei paesi in via di sviluppo e assisterli nell'affrontare le sfide che derivano dalla globalizzazione, integrando queste nazioni nell'economia mondiale su delle basi più eque. L'UNCTAD persegue questi obiettivi svolgendo ricerche e analisi politiche, e favorendo deliberazioni intergovernative e attività di cooperazione tecnica. Istituita nel 1964, ha sede a Ginevra.

UNDP: *United Nation development program* (Programma delle Nazioni Unite per lo sviluppo). Organismo delle Nazioni Unite che aiuta i paesi a creare le capacità per uno sviluppo sostenibile centrato sull'individuo, lavorando con i governi, con le persone e con le loro organizzazioni. UNDP coordina a livello nazionale le attività per lo sviluppo di tutte le organizzazioni del sistema ONU. Creato nel 1966, ha sede a New York e, oltre ad offrire assistenza tecnica, produce ogni anno il rapporto sullo sviluppo umano.

UNICEF: The United Nations children's fund (Fondo delle Nazioni Unite per l'infanzia).

UTC: Unità tecnica centrale della cooperazione italiana.

UTL: Unità tecnica locale della cooperazione italiana.

Per saperne di più

Sul dibattito circa le motivazioni sottostanti l'erogazione di aiuti allo sviluppo, si può vedere H.L. Lumsdaine, *Moral vision in international politics, the foreign aid regime, 1949-1989*, Princeton, NJ, Princeton University Press, 1993. Il volume collettivo *Foreign aid and development: Lessons learned and directions for the future*, London, Routledge, 2000, a cura di F. Tarp, offre una panoramica esaustiva delle principali tematiche relative alla politica di cooperazione allo sviluppo. A. Alesina e D. Dollar, *Who gives foreign aid to whom and why?*, in «Journal of Economic Growth», 2000, vol. 5, n. 1, offrono una interessante analisi economica sull'importanza relativa dell'interesse del donatore rispetto ai bisogni del recipiente nell'erogazione degli aiuti.

I vari rapporti annuali della Banca mondiale (*World development report*) e dell'Undp (*Rapporto sullo sviluppo umano*) offrono dati storici comparativi sulle condizioni di sviluppo dei vari paesi. Sui legami tra crescita e riduzione della povertà si veda il recente rapporto della Banca mondiale *Pro-poor growth in the 1990s. Lessons and insights from 14 countries* (2005, disponibile sul sito www.worldbank.org/poverty).

Il rapporto annuale del Dac sulla Cooperazione allo sviluppo offre un'analisi approfondita dei flussi degli aiuti per donatore e beneficiario. I dati ivi presentati sono disponibili gratuitamente sul sito www.oecd.org/dac/aidstatistics. Oltre alle numerose guide tematiche sui vari aspetti della cooperazione, il Dac conduce periodicamente un'analisi delle politiche di cooperazione dei paesi membri. Interessante complemento sono gli articoli di: P. Hjertholm e H. White, *Survey of foreign aid: History, trends and allocation*, *discussion papers* n. 00-04, University of Copenhagen, Department of economics, 2000; H. White, *Long-run trends and recent developments in official assistance from donor countries*, ONU/WIDER, *discussion paper* n. 106, 2002; B. Baulch, *Aid for the poorest? The distribution and maldistribution of international development assistance*, University of Sussex, Chronic poverty research centre/Institute of development studies, *working paper* n. 35, 2004; e J.-C. Bérthélemy e A. Tichit, *Bilateral donors' aid allocation decisions: A three-dimensional panel analysis*, in «International Review of Economics and Finance», 2004, vol. 13.

Sull'opinione pubblica e la PCS si può vedere, oltre ai sondaggi Eurobarometro (www.europa.eu.int/comm/public_opinion), lo studio di I. McDonnell e collaboratori, *Public opinion and the fight against poverty*, Paris, OECD Development Centre Studies, 2003.

Sulla cooperazione italiana, si veda il sito del MAE, in particolare la Relazione annuale sull'attuazione della politica di cooperazione allo sviluppo (http://www.esteri.it/doc/relazione2003.pdf), e l'esame periodico preparato dal DAC (www.oecd.org/dac). Il libro di P. Isernia, *La cooperazione allo sviluppo*, Bologna, Il Mulino, 1995 è di grande interesse per ricostruire il dibattito politico e l'evoluzione storica della cooperazione italiana. Il sito http://piazza.setit.com contiene testi sui temi della cooperazione, ivi incluso un glossario dei principali termini.

Per una discussione sul concetto di sviluppo e di sviluppo sostenibile si vedano il libro di M. Tommasoli, *Lo sviluppo partecipativo. Analisi sociale e logiche di pianificazione*, Roma, Carocci, 2001 e quello pubblicato da A. Lanza, *Lo sviluppo sostenibile*, in questa stessa collana (2002[3]).

Sulla stima delle risorse necessarie per raggiungere gli MDG e le nuove fonti di finanziamento si veda il recente libro di A. Atkinson, *New sources of development finance*, Oxford, Oxford University Press, 2004, e l'articolo di H. Reisen, *Innovative approaches to funding the Millennium development goals*, 2004, disponibile a www.oecd.org/dev/pb.

Sulla Conferenza e Dichiarazione di Monterrey si veda il sito internet delle Nazioni Unite: http://www.un.org/esa/ffd. Sulla Dichiarazione di Doha si veda il sito internet dell'OMC: http://www.wto.org/english/tratop_e/dda_e/dda_e.htm.

Finito di stampare nell'agosto 2006
dalla litosei, via rossini 10, rastignano, bologna
www.litosei.com

farsi un'**idea**

Europa

L'Unione europea, *di Piero S. Graglia*
L'allargamento dell'Unione europea, *di Enrico Letta*
L'Europa a venticinque, *di Enrico Letta*
Il Parlamento europeo, *di Luciano Bardi e Piero Ignazi*
Il mercato unico europeo, *di Roberto Santaniello*
L'euro, *di Lorenzo Bini Smaghi*
La Banca centrale europea, *di Francesco Papadia e Carlo Santini*

Politica e istituzioni

Lo stato e la politica, *di Paolo Pombeni*
Lo Stato di diritto, *di Roberto Bin*
Il federalismo, *di Sofia Ventura*
Il governo delle democrazie, *di Augusto Barbera e Carlo Fusaro*
La classe politica, *di Gianfranco Pasquino*
I partiti italiani, *di Piero Ignazi*
Donne e politica, *di Giuditta Brunelli*
La Costituzione, *di Valerio Onida*
Il presidente della Repubblica, *di Carlo Fusaro*
Il governo della Repubblica, *di Piero Calandra*
La Corte costituzionale, *di Alfonso Celotto*
La legge finanziaria, *di Luca Verzichelli*
La pubblica amministrazione, *di Marco Cammelli*
Le Regioni, *di Raffaele Bifulco*
Il governo locale, *di Luciano Vandelli*
La burocrazia, *di Guido Melis*
La giustizia in Italia, *di Carlo Guarnieri*
La giustizia amministrativa, *di Guido Corso*
La giustizia penale internazionale, *di Salvatore Zappalà*
La Nato, *di Marco Clementi*

Economia

Il mercato, *di Giuseppe Bertola*
L'economia italiana, *di L. Federico Signorini e Ignazio Visco*
La ricchezza degli italiani, *di Luigi Cannari e Giovanni D'Alessio*
Il debito pubblico, *di Ignazio Musu*
Concorrenza e antitrust, *di Alberto Pera*
Le autorità indipendenti, *di Fabio Merusi e Michele Passaro*
La moneta, *di Andrea Terzi*
La banca, *di Giuseppe Marotta*
Le assicurazioni, *di Giovanni Cucinotta e Laura Nieri*
La Borsa, *di Francesco Cesarini e Paolo Gualtieri*
I fondi comuni di investimento, *di Francesco Cesarini e Paolo Gualtieri*
I fondi pensione, *di Riccardo Cesari*
L'agricoltura in Italia, *di Roberto Fanfani*
L'industria italiana, *di Magda Bianco*
Il commercio in Italia, *di Luca Pellegrini*
Nonprofit, *di Gian Paolo Barbetta e Francesco Maggio*
Il made in Italy, *di Marco Fortis*
Il Fondo monetario internazionale, *di Giuseppe Schlitzer*
Il Wto, *di Antonio Parenti*
La new economy, *di Elena Vaciago e Giacomo Vaciago*
Globalizzazione e sviluppo, *di Federico Bonaglia e Andrea Goldstein*
La cooperazione internazionale allo sviluppo, *di Federico Bonaglia e Vincenzo de Luca*
La cancellazione del debito dei paesi poveri, *di Guido de Blasio e Alberto Dalmazzo*

Società

La popolazione del pianeta, *di Antonio Golini*
Gli immigrati in Italia, *di Asher Colombo e Giuseppe Sciortino*
Le nuove famiglie, *di Anna Laura Zanatta*
L'adozione, *di Luigi Fadiga*
Storia dell'aborto, *di Giulia Galeotti*
La scuola in Italia, *di Marcello Dei*
L'università in Italia, *di Giliberto Capano*
Il rendimento scolastico, *di Giancarlo Gasperoni*
Laurea e lavoro, *di Anna Laura Trombetti e Alberto Stanchi*
Occupati e disoccupati in Italia, *di Emilio Reyneri*
I new global, *di Donatella della Porta*
Gli scout, *di Mario Sica*

Il giornale, *di Paolo Murialdi*
La televisione, *di Enrico Menduni*
La pubblicità, *di Annamaria Testa*
I sondaggi, *di Mauro Barisione e Renato Mannheimer*
Droghe e tossicodipendenza, *di Simonetta Piccone Stella*
Prevenire la criminalità, *di Marzio Barbagli e Uberto Gatti*
Il volontariato, *di Costanzo Ranci*
La sicurezza stradale, *di Rodolfo Lewanski e Chiara Tintori*

Religione

L'induismo, *di Giorgio Renato Franci*
Il buddhismo, *di Giorgio Renato Franci*
Gli ebrei, *di Piero Stefani*
I musulmani, *di Paolo Branca*
Gli ortodossi, *di Enrico Morini*
La Bibbia, *di Piero Stefani*
Il Corano, *di Paolo Branca*
La Kabbalah, *di Giorgio Israel*
Il giubileo, *di Lucetta Scaraffia*
I preti, *di Marcello Offi*
Comunione e liberazione, *di Salvatore Abbruzzese*
New Age, *di Luigi Berzano*
Le sette, *di Enzo Pace*

Psicologia

La mente, *di Paolo Legrenzi*
Creatività e innovazione, *di Paolo Legrenzi*
Il linguaggio, *di Patrizia Tabossi*
La memoria, *di Anna Maria Longoni*
Noi e i numeri, *di Luisa Girelli*
Decidere, *di Rino Rumiati*
Mentire, *di Luigi Anolli*
L'infanzia, *di Luigia Camaioni*
Il bambino va a scuola, *di Guido Petter*
Gli adolescenti, *di Augusto Palmonari*
Invecchiare, *di Renzo Scortegagna*
Attaccamento e amore, *di Grazia Attili*
La felicità, *di Paolo Legrenzi*
L'ottimismo, *di Luigi Anolli*

L'autostima, *di Maria Miceli*
La timidezza, *di Giovanna Axia*
La vergogna, *di Luigi Anolli*
Sentirsi in colpa, *di Paola Di Blasio e Roberta Vitali*
Arrabbiarsi, *di Valentina D'Urso*
La paura, *di Maria Rita Ciceri*
Stereotipi e pregiudizi, *di Bruno M. Mazzara*
Stare in gruppo, *di Giuseppina Speltini*
Il conformismo, *di Angelica Mucchi Faina*
Comunicazione e persuasione, *di Nicoletta Cavazza*
Le buone maniere, *di Valentina D'Urso*
Lo stress, *di Mario Farnè*
L'ansia, *di Mario Farnè*
Disturbi psicosomatici, *di Giancarlo Trombini e Franco Baldoni*
La depressione, *di Giovanni Jervis*
Anoressie e bulimie, *di Massimo Cuzzolaro*
Obesità e sovrappeso, *di Ottavio Bosello e Massimo Cuzzolaro*
Le difficoltà di apprendimento a scuola, *di Cesare Cornoldi*
Bambini disattenti e iperattivi, *di Gian Marco Marzocchi*
La dislessia, *di Giacomo Stella*
L'autismo, *di Luca Surian*
Il ritardo mentale, *di Pietro Pfanner e Mara Marcheschi*
Ragazzi violenti, *di Filippo Muratori*

Scienza e ambiente

La teoria dell'evoluzione, *di Telmo Pievani*
Homo sapiens, *di Giorgio Manzi*
Lo sviluppo sostenibile, *di Alessandro Lanza*
Ricerca & Sviluppo, *di Giorgio Sirilli*
L'energia pulita, *di Pietro Menna*
Il cambiamento climatico, *di Alessandro Lanza*
Le biotecnologie, *di Marcello Buiatti*
La procreazione assistita, *di Carlo Flamigni*
I farmaci, *di Stefano Cagliano e Alessandro Liberati*